楽しい「フィリピーノ」

死ねないキリギリス達

藤原　勉　藤原　和美

東京図書出版

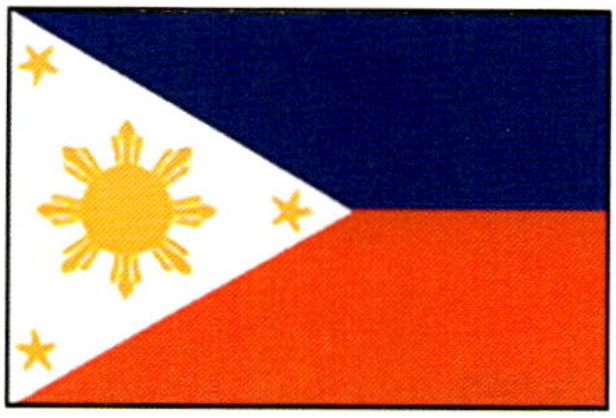

フィリピン共和国

７千からなる島国
人口：約１億人
（2015年現在）

首都：マニラ★
言語：フィリピン語
（タガログ語）
通貨：フィリピンペソ
１ペソ＝約２円

国花　サンパギータ

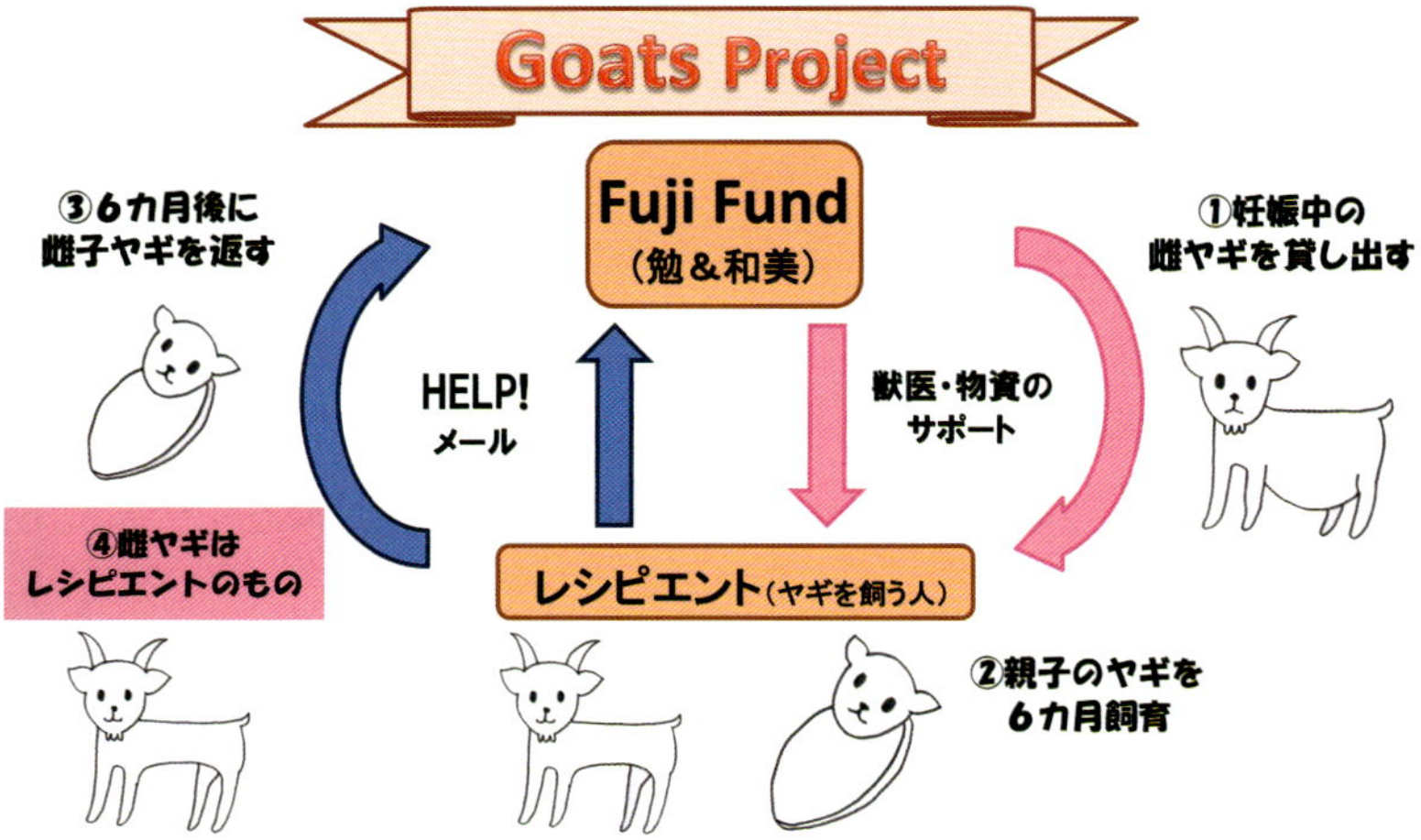

<ヤギプロジェクトの流れ>
①面接の上、レシピエントに妊娠している雌ヤギを飼ってもらう
②雌子ヤギが生まれると、2頭を半年飼育してもらう　※雄ヤギの場合は買い取り、雌ヤギの繁殖を続ける
③半年経った雌子ヤギを返却してもらう
④残った雌ヤギはレシピエントのものとなる

ヤギプロジェクト

はじめに

二〇一一年の八月に僕と妻の和美は、かねてより決めていたフィリピン共和国、ヌエヴァエシハ県（Nueva Ecija）、ムニョス学園都市[*1]（Science City of Munoz）にあるフィリピン水牛センター（Philippine Carabao Center：ＰＣＣ）にやってきました。旧き良き友人である所長のクルス博士（Dr. L. Cruz）の出迎えを受け、三十一日の夕刻、予定通り宿舎に到着しました。

翌週の月曜日（九月五日）午前、僕はセンター恒例のスタッフミーティングに参加し、所長に促されて自己紹介の後、我が抱負を簡単に述べて、ボランティアながら「コンサルタント」ということで所員の仲間入りを許されました。

その日の午後には「オフィス」も研究棟の玄関脇に準備してもらい（当初二カ月間くらいは栄養部の主任で友人のアキノ博士〈Dr. D. Aquino〉と同居でしたが）、日常の生活をスタートしました。今まで何度も訪問した所でもあり、多くの友人もいますが、ここを根城にしばらく生活をするとなると従来までの「訪問研究者」の立場とは違うことに否が応でも気付かされます。そこで、毎日の生活をしていく中で、「住人」としての立場から、聞く事・見る事の中で「気のついた事を書き留めておこう」と決めたのがこの一種の「感想文」の始まりであります。

つまりフィリピーノ[*2]のものの見方・考え方の違いなど、自分たちなりに面白いと感じた事をまとめたものです。

日常のあらゆることが題材ですので、必ずしも「ＰＣＣ」と関連する事ばかりではありません。二〇一二年から僕たちが始めた「ヤギプロジェクト」[*3]に関連して近くの「バランガイ（日本でいう村や地区）」を訪れることも度々あり、いわゆる「小農・貧農」の日常に関わるようになって、今まで経験しなかった事に遭遇することも多くなりました。

毎日のように「気のついた事」を綴ったものですが、読み直してみると何か「悪口を連ねているような感じ」も受けます。がしかし、視点はそのようなものではなく、「これらを問題点として捉え、その中に「彼らの生活を一歩でも向上・前進させるため」に自分が出来る事があるかもしれないと考え、折あらば他人にも読んでもらって感想を聞いてみたいと思っています。フィリピーノの友人・知人がいる方もフィリピーナと一緒に働く貴女もフィリピン人の本質、国民性を知る助けになれば、と思います。また、「フィリピン」をはじめ多くの発展途上国の実情を理解するために、ささやかでも参考になれば幸いだと思っています。

＊1　つくば市に倣って〝科学・学園都市〟と訳す。
＊2　こちらでは現地語で「フィリピノ」と言っています。日本では「フィリピーノ、フィリピーナ」の方が馴染みがあると思いますので、本書では「フィリピン人」を「フィリピーノ」と表記します。
＊3　「ヤギを飼いたいという人に『妊娠している成雌ヤギ一頭』を貸し付け、生まれた雌子ヤギを生後六カ月齢（後半三カ月間は飼育料を一日当たり一〇ペソを支払う）を過ぎたところで返却してもらう：元の成雌ヤギは本人の物になる」という支援事業。

目次

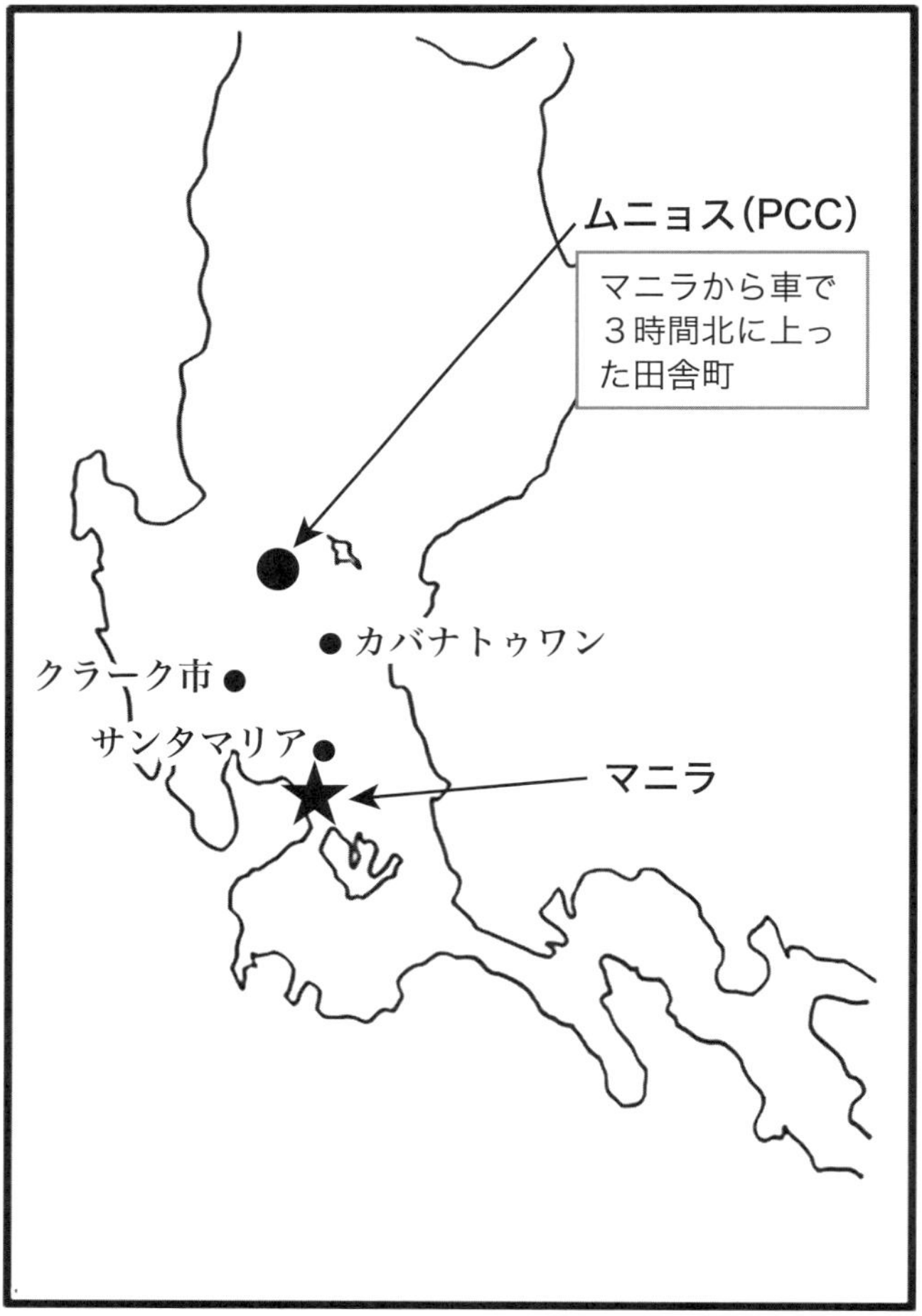

ルソン島　中央地図

一　旅人から住人に
―何回訪問しても旅行者は「旅行者」―

僕がフィリピンに初めて足を踏み入れたのは、今から三十年前の夏、一九八六年の八月中旬でした。恩師である当時名古屋大学の教授であった田先威和夫先生、田先先生の同窓生で東京農業大学教授（特任）の清水寛一博士および農水省畜産試験場の中原達夫博士の三人の、俗に言う「大物教授・大先輩」のカバン持ち・使い走りとして同行しました。出張の目的は、日本学術振興会支援の拠点校方式による大学間交流（三年間）で、東京農業大学が拠点校であったことから、清水教授が代表の「フィリピンにおけるヤギの生産性向上に関する基礎的研究」の実施のためでした。具体的な研究の実施ではなく、人物交流というか、将来有望な若い研究者（カウンターパート）を探し出すということが目的であったように思います。第一陣はその年の春（三月下旬）に訪問しており、日本からの若手メンバーは筑波大学の金井幸雄助教授、名古屋大学の横田浩臣助教授および森祐司東京農工大学助教授（故人）の三人でした。

熱帯・亜熱帯地域への旅は初めてで、「暑かろう」という思いが強かったのですが、日本のお盆の頃、フィリピンは雨季のさなかで、マニラ空港での第一印象は「意外に涼しい」という思いでした。出迎えてくれたのは、相手方チームの責任者であるフィリピン大学ロスバニョス校（The University of the Philippines at Los Banos：ＵＰＬＢ）のリゴール教授（Dr. Rigor：家畜繁殖学）でした。その日はルソン島に留まることなく、マニラからすぐに国内線に乗り換えてミンダナオ島の北端の町「カガヤンデオロ市」に向かいました。非常にきれいな街の印象が残っています。そこからまたすぐにチャーターした車で夕方の田舎道を四、五時間くらい走って最初の目的地「ミンダナオ中央大学（Central Mindanao University：ＣＭＵ）」に到着しました。街の明かりも少なく、随分な田舎町に着いたという感じでした。大学だけがあるという印象で、その夜は大学の学生寮の一角にある宿舎で休みました。

それから十日間、ミンダナオ島各地の様々なタイプ（公共・企業・個人経営）のヤギ牧場を訪ねて、ヤギ飼育の現状を大まかに把握しました。今でも記憶に残るのは、フィリピンの人たちは「ヤギ肉が好きだ」という事です。それと、清水教授に「藤原君、自分の印象では日本から見て五十年くらい遅れているように見えるが、君の印象はどうかね？」と聞かれ、当時四十過ぎでしたが、日本の山陰の田舎で育った僕から見て、「そんなには遅れていないように思います」と答えたことです。あれから三十年近く、毎年のようにフィリピンの農村を訪れて、今思うと五十年よりもっと遅れている！　と思えることも沢山見てきました。一番不思議に思うのは、農業に従事する人たち（人口の八割以上？）が自発的に考えない！　それは教育レベルとも関連するのでしょう、現地人の教育を嫌い、「考える事」を極度に抑制した「スペイン流宗教伝道・植民地政策」の影響が今でも人々の心の中にあるからだと思います。

その後、「放牧ヤギの無機物栄養改善に関する共同研究」を継続し、二〇〇〇年代に入って「フィリピンでの水牛飼育の付加価値に関する研究」も始め、現在まで中央ルソン州立大学(Central Luzon State University：ＣＬＳＵ)およびＰＣＣを中心に継続してきました。その間、それらに関する研究テーマで島根大学の畜産学研究室を基点にして五人の博士研究者、四人の修士および八人の学士を世に送り出しましたが、一時はそれらが研究室の主要なテーマでもありました。僕自身もＵＰＬＢとＣＬＳＵを中心にして、研究対象のヤギ・水牛を求めて学生諸君と一緒にルソン島の各地を訪れ、三十数回この国に渡っています。自分の住んでいる、どちらかと言うと子どもや若者の少ない島根・松江からこの国に渡ってくると、特に農村では物珍しさもあって実に多くの子どもたちが我々を迎えてくれます。そのような時に自分は子どもたちから「元気」をもらうように感じて、この国を楽しい場所に思い、好きになったように思います(その当時はいつも同行した学生諸君に話していましたが、今住んでみると子どもが多すぎて問題だということもわかってきました)。

移住を決行して、二〇一一年の八月三十一日に、ここヌエヴァエシハ県のムニョスにあるＰＣＣに到着し、スタッフハウジングの一角にある通称「ＪＩＣＡハウス*」に居を構えました。

＊ＪＩＣＡのミニプロジェクト支援時に宿舎として建てられた。

今回は所長のクルス博士が自ら空港で迎えてくれてここまで運んでくれましたが、途中マニラの中心街を案内してもらいながら、有名な古いホテルのロビーで地元産のお菓子でお茶の時間を過ごしたりして夕刻には到着しました。宿舎内には、生活するのに必要な大抵の物は揃っており、冷蔵庫の中にもぎっしりと食料・飲料が詰まっていて、彼の心遣いに感謝してその日はベッドに入りました。

翌九月一日からここでの生活が始まったわけですが、そこから見聞きしたり、教わってきたことなども含めて、自分たちが「日本での生活とは違うな！」と感じた事を記してあります。その中には、日本人で長くこちらで生活してきた人の話や、時に訪問する大使館の人たちから聞いたこと・教えられたことなども多くあり、肌で感じる現地での生活の様子と、その時の自分の気持ちをそのまま記してあります。

二　最初に気付いたこと

何しろ騒々しい！　というのが日常における最初の実感で、今までも何回となく体感したことではありますが、夜ベッドに入ってからも「犬の鳴き声、モーターバイクの爆音等」が途切れることなく聞こえてきます。それでも皆、よく眠れるようですが、そのうち鶏の鳴き声‥「時を告げる雄鶏の声」*が耳に届きます。早いものは午前二時半〜三時半頃からで、いくらなんでも早すぎるだろう？　と思います。しかし隣のヘルパー女史は午前三時には起きるというから、それほど早くもないのか、と変に納得してしまいました。

＊闘鶏が趣味で好きな人は一人で雄鶏十数羽を飼養している。場合によっては「賭け」による実益にも？

☆私が出会った常夏の働きアリ：隣のジュビー

私がフィリピンに住み始めて、最初に出会った働きアリ、隣のジュビー（Ms. Juvy）についてお話しします。私たちが来た頃は隣に住んでいて、何かと親切にしてくれました。今は向かいの家に引っ越して、毎日家に助けに来てくれます。今は「向かいのジュビー」ですが、初めの頃の名残で「隣のジュビー」と呼んでいます。

ジュビーは目鼻立ちの整った綺麗な人で、私の子どもくらいの年齢です。生まれはイザベラという町で、PCCから車で北に七時間ほどかかる所です。大卒では珍しくメイドをしています。普通、メイドさんは子どもに嫌われたくないので、あまり怒らないそうですが、彼女はビシッと決めます。

ジュビーの一日は毎朝三時の起床からスタートします。家中の掃除を終えてから、シャワーを浴びます。フィリピンでは朝シャワーのみが一般的ですが、ジュビーは珍しく夜もシャワーを浴びます。意外と清潔にしていると思います。ちなみに私たち夫婦は、暑さと体格のせいもあり（笑）一日二回のシャワーは必須です。そして六時半に子どもを送り出した後、洗濯を済ませて九時に朝食をとります。そのあと、ジープニー（乗り合いバス）に乗って子どもの弁当を学校へ届けます。昼過ぎに帰宅して昼食をとり、午後はアイロンをかけ、畑仕事と食事作りに精を出します。その間、もし私の家に来客があると飛んで来てくれます。というのも、私はタガログ語が話せないので、通訳をしてくれるのです。時には助言もしてくれますし、私がお金や食べ物を要求されたり、家の中のものを盗まれないように目を光らせてくれています。

　このように、ジュビーがフィリピーノのものの考え方、習慣、文化など教えてくれるお陰で、私はトラブルに巻き込まれずに済んでいるのです。一年目の私は思いもしないことばかりが起こり、イライラが募るばかりでした。それを一つ一つ丁寧に説明してくれて、日本との違いにびっくりする毎日でした。ある時、私がヤギプロジェクトでヘロヘロになっていると、「だからフィリピーノは嫌いだわ！」と自分のことのように一緒に泣いてくれたことがありました。考え方が日本人のようです。

　ジュビーとの出会いが、「フィリピーノも十人十色、働きアリもいるのだ」と私の考え方を変えてくれました。これからも、彼女は私の親友であり、大切な人です。

☆友人のメールから

　こちらに移り住んでから一月が過ぎた頃、現地の人と結婚しフィリピンで働いている知人とのメールのやり取りの中で、次のようなものがありました。そうか、彼も長年住んでいる間にいろんな事があったのかな？　と感じたのと、またこれから僕たちも直面するのであろうと予想したものです。

M. Y. 様

……………………………………………………

エキサイティングな暮らしの中でも楽しく元気にやっています。
又いろいろ教えてくださいませ。

藤原　和美

この便りの返事がすぐ帰ってきましたが、次のように実に生々しいものでした。

(On Thu, 2011/9/23)
藤原様

……………………………………………………

そうですね、住んで生活をすると日本の生活との差が実感として感じられると思います。品質の悪さ（新品でも壊れている）、修理を依頼してもいつ来るかわからない、突然の停電（いつ復旧するかわからない）、平気で人を待たせる、お金を貸したら戻ってこない（貰った気でいる！）、様々なことが起こると思いますが、ここは日本ではありません。日本人の優しさで「困っているから」とお金を貸さないこと、もし貸す場合は相手の言い値の半分以下、進呈するつもりで渡し、今回きりと念を押し、できれば一筆とっておく。日本人からするとこんなにいろいろとしてあげたのに、と思うことがありますが、フィリピン人の多くは感謝の気持ちや恩に着るなどと思っていません。もちろん立派な方もいらっしゃいますが。

借金の申し込みには要注意、そして気長に待つ習慣になれること。品質の悪さは「ここはフィリピンだから」と割り切る。

とりあえず、見方を変えてストレスをためないように。

でもアフター5はとても楽しいですね、仕事を離れれば。

先にもふれましたが、僕は一九八六年の八月に初めてこの地を踏んでから、毎年のようにここに来て一～二週間過ごしては帰るということを繰り返しており、こんな事は少なからずわかっているつもりでした。まあ簡単に「その場限りの嘘」は平気だな！　とは思っていましたから、そんなに大きな実害はないだろうと思っていました。

しかし、しばらくしてクリスマスの頃のメールでは、次のようなことも書いてあり、実害もありそうだと認識し始めました。

藤原様
大変ご無沙汰しております。

とりわけ学校も来週いっぱいで終わりだし、クリスマスパーティーがあちらこちらで開かれ、藤原先生ご夫妻のことでしょうから毎晩のように招待状が届くのではありませんか？
いろいろな人、とりわけ訳のわからない人も多く来ますので物がなくなったりしないよう、充分管理されるように、ご提案申し上げます。

では、メリー・クリスマス
M. Y.

まあ、日本でも沢山の人が集まる時には、物がなくなるなどという事はよくある話で、心配する程でもないのかな！　という気もしますが、パーティーを開いても帰る時に何か持っていくのか？　という話だと、「気をつけねば！」ということにもなるわけです。幸い今までそんなことはなく過ごせていますが、何時まで経っても「先輩の助言」は貴重だと思っています。

☆可愛い「ヤモリ」たち

日本でも家の中で時に目にする「ヤモリ」は、フィリピンでは非常に身近な友達です。夜中に初めて聞いた時はその独特の〝キエキエキエキエー！〟という「鳴き声」にどんな生き物なのか？　という感じを受けました。トカゲより色白で青い目をした可愛い爬虫類です。日中はあまり活発ではありませんが、夜中の活動はかなりのものであることが想像出来ます。家中、壁・床・棚と言わず食卓の上まで這いまわって食物（昆虫類）を探すらしく、朝にはその証拠（白黒の糞）を随所に見ることができます。まさかこの上までは？　といって食卓に座ると、和美が「今朝もあったから掃除したのよ！」と言うのです。僕は仕事がら動物の糞を「汚物」として見る気持ちがそれほど強くないし、特にヤギ・ヒツジ等反芻動物の餌は草主体の植物であるのであまり「汚い」とは思いませんが、どうも雑食である彼ら爬虫類のそれは好きになれません。名前の由来どおり、彼らが家の中で働いてくれるおかげで、小さな昆虫類・蜘蛛の類は少なくなり、陰ながら家を守ってくれているのでしょう。夜になると我が家の白壁のあちこちに陣取っていますし、鎧戸や網戸と窓の間にじっとして獲物を待って居座っています。日中いきなりカーテンを動かしたり、薄暗いシャワー・洗面室の窓を開けたりすると、彼らが「いきなり飛び出してきて」驚かされます。家の中の掃除をすると（ルンバのダストボックスにも）、必ず大小様々な「白黒・茶色」の代物（排泄物）が混じっています。和美の「こんな汚い所は嫌！」という反応の元凶ですが、ここでは彼らとの共同生活を拒否することは不可能のようです。オフィスの床・窓枠・本棚の上にも彼らがそこを通ったという証拠は必ずありますが、きちんと対処さえすれば、彼らが実験・研究の邪魔になるという事はなさそうです。というのは、彼らが自分の生活をするだけの話であって、ラット・マウスのように物をかじったりするような馬鹿なことはしません。犬猫と一緒で、彼らも「履物」を持たないので、いくら姿は可愛くても、土足で這いまわられた「食卓」の上はその度毎に綺麗にしてから使いたいものです。突然目が合っても一度じっとこちらを見て、「さて！」という感じで動き出す時の「澄んだ青い目」は憎めないし、「これが南国か！」と思わせてくれる仲間でもあるのです。

☆いわゆる「どことなく汚い！」

近年の話で、中国人旅行者の「日本観光感想文！」なるものがネットの記事として載っていましたが、空港に降りて最初に気付くのが「恐ろしいほど綺麗だ！　特にトイレが」というものでした。「ゴミ箱も無いし、ちり一つ落ちていない」というのが補足してありました。これと反対にフィリピンに来て最初に思うのは、「何となく汚れた感じがする」というのが正直な気持ちでしょう。マニラの街の中でも田舎の道端でも、そこかしこに「ゴミ」が落ちており、住む人も通りすぎる人たちも「ほとんど気にしない」のです。その「ゴミの正体は？」というと、落ち葉や枯れ草などに混じった「プラスチックや紙の袋の類等」、人が何かを食べた後の要らない物がほとんどです。

街中での集会の後等に開かれる、「ミリエンダ（間食）」では、会場内に「ゴミ箱」はあるのに食べ物の袋やペットボトル等、テーブルの上や床に散らばっているのが常であります。ＰＣＣの中でさえ「通路わき等に」いろいろな食べ物の入っていた袋類やストロー等が散らばっています。所内では植木の手入れ・掃除をする人が配置されていますが、そこまで徹底しないし、その人たちさえそれほど気にならないのかもしれません。ＰＣＣには日本に留学して学位を取得したスタッフが沢山いますが、ある時彼らに「日本での最初の印象は？」と聞くと、「日本は何処に行っても綺麗ですよね！」という答えがかなりありました。教え子のエドガー君（Dr. Edgar：CLSUの教授）も日本での経験から学内でのイベントの後等「いつも学生に注意している」そうですが、彼曰く「フィリピーノは駄目！」のようです。

日本も昔からそうであったわけではなく、僕がまだ子どもの頃、戦後の「食べる事に忙しかった時代」には、それほど掃除に掛ける時間はなかったように思います。その頃、家の親父がよく隣の親父さんを皮肉って「家の周りの掃除ばかりしていても稲は出来ん！一生懸命に働いて稼いで、十分な肥料をやらんとな！」と言っていたくらいです。

正に言い得て妙でありますが、少なくとも衣食が十分になって、余裕ができてきたら「住んでいる周りを綺麗にすること」に手を回せば良いのでしょう。

「衣食足りて礼節を知る」と同様で、「口が忙しい間」は綺麗にすることなどは後回しでしょう。「汚いところが好きな人」はいないと思いますから、「衣食が十分」になって時間が経てばフィリピンも「ちり一つ無い」住環境が実現するかもしれないと思っています。

三　歴史の教科書から

☆フィリピーノと規律

こちらに落ち着いて二カ月くらい経った頃、マニラに出かけた時に立ち寄った書店で、大学の教養課程の学生を対象に書かれた歴史の教科書*を二冊買いました。特に大きな意味は無かったのですが、とりあえずここにしばらく住もうかと考えたからには、まずこの国がたどってきた道の概略を知りたい、「勉強しよう」と思ったからです。もちろん日本でこの国の歴史を知りたいと思えばそれなりの資料は手に入るのでしょうが、そうではなくフィリピン人が書いた物を読むことによって、その中身がより身近に感じられるのではないかと思ったからです。簡単にはツーリストガイドブックにも触れてありますが、「スペインに三五〇年以上占領され云々……」くらいは知っているものの、それ程詳しくは頭にないのです。久し振りに辞書を片手にＢ５判五〇〇ページ弱とＡ４判二五〇ページ強の二冊を、時間的には主として土日に二カ月余りを要して読み終えました〈斜めにというのが正解かもしれません〉。その中から印象に残った事、特に日本では触れることのない歴史の流れを記したいと思います。昔からよく「マニラは東洋の真珠」だとか、古くはフィリピンそのものが「東洋の真珠」と言われていたようで、現在のこの国の状況からは考えられないような表現がされていたようです。

＊*The Philippines: A unique nation (with Dr. Gregorio F. Zaide's History of the republic of the Philippines)(2nd Ed.)*, Dr. Sonia M. Zaide, All Nations Publishing Co. Inc., Quezon City 1102, Philippines. 2010.
Philippine History and Government (6th Ed.), Drs. Gregorio F. Zaide and Sonia M. Zaide, All Nations Publishing Co. Inc., Quezon City 1102, Philippines. 2011.

最初の頃の方で、「discipline」の話があり、スペイン占領時代以前におけるアジアの国々との関係についての項あたりの「Filipino Character（フィリピーノの性質）」の所で、中国人や日本人と違って、フィリピーノは「discipline」を持たない！　という一文がありました（Filipinos, unlike the Chinese or the Japanese, lack discipline）。「discipline」という言葉を「規律・躾」と訳せば、ここではそんな事を気にするほど人の気持ちに余裕が無い（持っていない・躾がなっていない）ということになるのでしょうか？　日本のことわざに「貧すれば鈍する」や「衣食足りて、礼節を知る」等があります。たぶん言い方は悪いのですが、未だにフィリピンの大部分の人は「食うに追われている状態」にあるという事ではないかと思います。

先のメールの一文にもあるように、「お世話になっても、お礼も言わない！」などというのは、一般に欧州の民族は、例えば夕食に招待した翌日「昨日はご馳走さん」などと言うことは「決して」無いのですが、これとはまた若干ニュアンスが違うようです。ヨーロッパの人たちの場合、毎年の「寒い冬季」を無事に過ごせて春を迎えたら「また会えるかもしれない」と期待するだけだから（会える確証はない！）、「会っている今を大事にする」ということをどこかで聞いたように思います。それともう一つ、日本人にはなかなか理解できないことですが、「誰かにぶら下がっていれば生きられる！」という話があります。クリスチャンの考え方にも、ムスリムにおけるそれほど強くはないですが、持てる者の持たざる者への「施し」の思想だと思います。「誰を知っているか？」に次いで重要なのは、「誰の友達か？」で、物持ちの誰かに「くっ付いていれば」、「食べていける：死ぬことはない！」というものです。持つ者が持たざる者（貧乏人）を救うのは「当然のこと」である！　という考え方で、その事を十分理解して付き合わないと、いつまでも「たかられる」ことになります（最初が肝心）。しかも有難うと言ってももらえず、至極当然の事をしてもらったあとのような感じになるから、こちらとしてはいささか不愉快な思いをすることになります。極端に言えば、二〇～三〇％弱の富める民が七〇～八〇％の「貧しい民」を連れて歩いているという状況ですから、ある面この国の宿命なのかもしれないという気もします。だから、親しくなって自分は友達だと思う気持ちから、今度の休みにどこかに行かない？　などと誘って、いざ行ってみると、その間の「全ての経費を自分が持つ」のだという事が後からわかります。事実こちらに来て、最初の頃は所長のクルス博士が休日になるとよくドライブに誘ってくれて、また珍しい（新しい）レストランでの夕食に招待してくれました。そのような折、必ず誰か他のスタッフも一緒の事が多く楽しく過ごせましたが、いつも経費はすべて「所長持ち」でした。それなのに食事の後に「Thank you!」もろくに言わず、三々五々帰ってゆくのです。僕たちが時に気になって「今回は僕が！」と言う事もありましたが、もちろん彼が承知するわけもなく、結局は払えずじまいでした。こちらに住み始めて半年が過ぎた頃、その話をＣＬＳＵで先生をしている教え子のエドガー君にしてみました。そうしたら「先生、その理解は間違っている」、「所長はお金持ちなのだから、彼が支払えば良いのですよ（いちいち有難う等言わなくても！）」という答えが返ってきました。それ以前にも同じような事がありました。エドガー君の同級生（友人）であるバタード博士（Dr. Battad：マニラ市内の私立大学の学長）と一泊でゴルフに出掛けた時、宿泊費を含め全てバタード博士が払ったのです。どうしたら良いかわからずエドガー君に聞くと、「彼が誘ったのだし、バタードはお金持ちだから良いのですよ！」という返事が返ってきました。その時はそれほど深く気にせず、次回こちらで持てばよいかと思っていましたが、今思うと「ああ、そういうことだったのか！」と改めて納得し、和美とはその後「人を誘う時は、言葉に気をつけよう！」ということにしています。

☆占領国、スペイン・アメリカ・日本の功罪！

たかが歴史の教科書を一冊通読したくらいで、この国の歴史に関わってきた主要な三カ国についてそれほど詳しく書くだけのものが、頭の中に残っているわけではありません。なので、ここではそれぞれの国の関わり方で「強烈な印象」についてのみ述べてみましょう。実際にはヨーロッパ列強国、英国・オランダ等のアプローチが繰り返された後、歴史上スペインの植民地として三七〇年以上続いてきたが、スペインが残した最大の功績については、一言「七〇〇〇有余の島からなる群島を「フィリピン」という呼び名の一つの国にまとめた事である」というくだりがあります。今でもルソン島（地方）・ヴィサヤ地方（群島）・ミンダナオ島（地方）というように大きく三地域に分けて表現されていますが、言語（方言）・文化に関してはインドネシア程ではないにしろ、島毎に違うというくらい多様なようです。共通語はタガログ語ですが、その表現法はいろいろあって、例えば、イロカノやヴィサヤなどと言われるように、そこに生まれ育った人たち独特のもの（方言）があります。タガログ語は元々マレー語から派生した言語ですから、インドネシア語など近隣諸国と似た言葉でもあります。この地域特有の沼沢水牛をカラバオ（Carabao）と言いますが、これはインドネシアでも共通で、アジアモンスーン地域における固有の役用家畜として重要な位置づけであるからなのでしょう。またこの地域独特の「焼き飯：ナシゴレン」も一緒だったように記憶しています。このような島ごとに違う様々な事を、ひとまとめにして表現することを可能にした力は褒めてしかるべきなのでしょう。スペインが完全に掌握していなければ、ミンダナオ島は英国領にという事もあり得たでしょうか。オランダ等のアプローチもあったわけで、例えば、ヨーロッパ列強国、英国・オランダ等のアプローチもあったわけで、例えば、ミンダナオ島は英国領にという事もあり得たでしょうから。一方、（僕の思う）罪の方では、現在のフィリピーノが半ば自戒の念を持ちながら認めている事が、数えきれないくらい多くあります。例えば、今もユーロ圏内で多くの問題を露呈している「スペイン」の「好ましくない行いの数々」などです。多くの植民地を有していた「スペイン王国」の華やかなりし頃の名残とでも言うべきなのでしょうか。一番身近なものでは「何とかなるさ」という気持ちの持ち方、もっと言うと「働くのが嫌い！」で、「遊ぶのが好き」というところです。先に述べた「Filipino Character」の項に、「働かない」という事に関して「discipline」の次に「They are usually easy-going and will not work well without strict supervision（彼らは楽天的で、上司が不在だと怠ける）」という一文があり、次いで「A similar bad trait is the lack of perseverance（同様に、忍耐力に欠ける）」と畳みかけるように好ましくない性質が述べられています。植民地からの収奪物で豊かな生活が可能であった「スペイン王国」の時代は、国王以下臣民も毎日歌い、踊って生活できたのでしょうが、そんな習慣だけをもらっても、しょせん情けないだけという気がします。そんな裕福な時代には、一日の生活の中で「時間」などというものはそれほど厳密に守るべきものではなかったのかもしれません！　従って、ここでは「時間を守らない」し、守らなくても結構、と思っている節があり、多くの人たちの生活態度からもそれが見受けられます。以前、「フィリピンでの、例えば五時は五時〇分から五時五十九分まで」という記述を読んだことがありますが、これが現実にわかります。だからこそでは、時間の約束は、何時という時刻ではなく、五時と言ったら五時から六時までの約一時間ということになるようです。面白いのは、こんなに時間にルーズな生活が好きな国民性なのに、「朝は何時に起きる?」と聞くと、隣のジュビーは「午前三時に起きる」と言うし、PCに勤めている人に聞いても、大体「四時から五時くらい」には起きると言う人が多いのです。そんな夜が早く明けるわけでもないのに、何故そんなに早く起きるのでしょう? しかもそのように早起きはするのに、PCCの月曜日の朝礼七時三十分に、同じ敷地内に住んでいても間に合わないのです。どうしてそんな事になるのかよくわからないのです。しばらく一緒に生活してみてわかったのは、「要するに時間にルーズな生活しかできない人種なのだ」という事です。しかし一方思い直して、それほど「時間に厳密でなければ困ることがあるか?」と思ってみると、この国では「鉄道」があるわけでなし、勤務先の全てがタイムカードで管理しているわけでもないから(場所によってはあると言うが)、全て「フィリピーノタイム」なので問題ない気がするのです。

次いでアメリカとフィリピンの関係についてですが、歴史的なある時には「五十番目の州」になるかもしれないと思われたくらいですから、正に「友人」であって彼らにどうこうされたという事はないようです。マニラ市内の観光地であるスペイン時代の要塞都市「イントラムロス」での説明にありますが、日本軍が潰したと思った建物の中で生きていた、かの米軍司令官「マッカーサー」がレイテ島からオーストラリアに発つとき「I shall return!」と言ったように、その後日本軍を潰してくれた国ですから、友人・恩人になるのかもしれません。第二次世界大戦終戦戦後も米軍の重要な極東の「基地」として長い間協力してきた友人関係がその後「ピナツボ噴火」まで長く続いたわけで、今も十分な信頼関係が保たれているように思われます。

最後に日本についての「功罪」ですが、数行くらい「功の部分」があっても良いと思うのに、読み進むうちに情けなくなりますが、「罪」ばかりが並べられています。イントラムロスの観光ガイド「マイク氏」は、日本人の悪行の数々を説明しながら、人間は皆同じであって「戦争が悪い」のだと、日本人が聞いても傷つかないように気を遣って話してくれていました。確かに日本人の気質というのは、「植民地」を作れなかった事から見てもわかるように、「全てを変えようと」するところが「多大なる無理」を生じ、最後に破綻を来したのかもしれません。今でもこの国の人たちが、「その昔は『日本人が来た』と言うと、女と子どもは隠れましたが、戦後はその言葉を聞くと皆、家から出てくる！」と言うのです。戦後、日本はフィリピンへの援助・支援に力を入れ、無謀な戦争によって与えた多大な罪に対して物心両面から償ってきた意味が少しずつ理解されているようでもあります。しかしそれにしても、如何に戦争中とはいえ「二年間の占領期間」中、今も残るような日本人の「教えた事」が一つも無いというのは何とも「寂しい」ことでもあります。そう思うのは僕一人かもしれませんが、皆さんはどう思われるでしょう。

四　日常生活の中で㈠

☆まずは衣食足りて……

日本では一種の躾としての言葉に「衣食足りて礼節を知る」というのがありますが、フィリピーノの人に対する接し方・態度を見ていると、いわゆるその前の状況であるとするのが正しいと思います。いまは「食うのに精一杯」であって、「相手の気持ちを考える余裕などない」と言うのが当たっていると思います。「常夏で」しかも七〇％以上が「豊かな平坦地」という国土があり、利用可能な土地の未だ半分弱しか耕作されていない、というような状況であるのに「何故貧乏なのか？」という疑問がいつも頭の中にあります。まずは礼節云々を語ることが出来る状態、「衣食足る」を作らなければなりませんが、その為にどこから手を付けるかを考える必要があります。

僕たちの住んでいる辺りは特に平坦地で、どちらを見ても「山」は遠くにしか見えない地域です。移動する車中から、「あの山が見えたから何処まで来た」等という「目印」が無いほど平坦地で「水田」ばかりなのに、「どうしてこんなに貧乏なの」と夫婦二人でよく話します。平均年二回稲作をすれば「豊かなはずなのに」と思いますが、一番の問題は「考えない農民」であると思えるし、結果的に豊かになるのは「米の仲買人」であり、そのほとんどが代議士であるというのが「次の問題である」と思われます。政府の目標に「二〇一三年に米の自給一〇〇％」というのがあり、特に大きな災害も無く「普通の収穫が出来れば」、十分達成できると思われています。しかし先日も新聞紙上に「警告」として、農民の懸念が載っていましたが、それは「Illegal shipping（簡潔に言うと、密輸）」が無ければの話のようでした。「仲買人」たちは大きな米の貯蔵用倉庫を持ち、自分たちで市場価格をコントロールしているようですが、同時に「不正輸出入」も手掛けているようです。どこかの港から密かに積み出すルートがあるようで、「仲買人＝代議士」の構図からすれば「然もありなん」という状況のようです。

　では「どうする事も出来ないのか」というと、僕が思うに「考える農民」が多くなれば、もう一度「政府を信用」して、「収穫した米」を自分たちで操作出来る状況が生まれるのです。しかし目先の小金に目がいって、先を見ないのが現実の農民の姿なのです。

☆人に迷惑をかける、「迷惑」って何？

他人に迷惑をかけてはいけない！（他人の迷惑になることは慎むべき）を意味する言葉が、「タガログ語」にあるのでしょうか？

〝何が何でも、我先に〟‥ドライビング・マナー（例えば、パッシング‥対向車へのライトの点滅合図）は、日本では（あるいは他の国では）〝お先にどうぞ！〟ですが、フィリピンでは〝俺が先に行く！〟なのです。だから日本などのようにクラクションも鳴らさない程「気配り運転」の国から来て、この国の「ドライビング」というか車の流れに出会うと、とても一緒に走る気にはなれません。日本から来たビジネスマンが、マニラ市内でレンタカーを借りて、五〇〇メートルくらい走った所で引き返し、「とても運転できない」と言って車を返したという、嘘みたいな本当の話を聞いた事があります。この国も法治国家ですから「道路交通法」はきちんと整備されているのですが、ドライバーは自分のルールで走っているし、不正を見つけた警察官からの処罰の対処法も大半は「昼飯代（ほどのワイロ）」で終わるわけですから、何の役にも立っていないというのが実情です。

知識人に聞いてみると、〝迷惑をかける〟という「言葉」はタガログ語にもあるそうです。

では、迷惑を「かけてはいけない」と教えるのか？　あるいは、「かけても気にするな」と教えるのか？「疑問に思う！」が、しかしそれを質したことはありません。

☆ある仕立屋での話

和美が仕立屋に生地を預けて、三十分くらいして戻ってみると、ピンクの生地の端が線状に「薄黒く汚れていた」そうです。どうした事かと聞いても店主は「笑っているだけ！」。その時は彼女の友人も一緒だったのですが、その友人も認めています。「Why?」を繰り返しても何の返答も無い！　おそらく仕事場の机の上が「汚れていた」(何か油性の汚れで普通の洗濯で落ちるようなものではない！) ことがわかったようです。しかし、彼らから「I'm sorry!」の一言は最後まで出なかったといいます。彼女たちは呆れて帰ってきたようです。

しかし、出来上がった物がまた汚れていたのです！　前回と同様の「油性の汚れ」に今度は和美の方から、先方の失態だから「これでは仕立て代金全額を払いたくない！」「少なくともクリーニング代は先方で持つべきだ！」と一緒に来てもらっていた隣のジュビーに言うと、「何を言っているの、こんなもの自分で洗えばいいのよ！　お金は全額払うべきよ！」と言われて、もはや「何をか言わんや！」で、二の句を継げませんでした。「洗濯してお返しします から、ご勘弁を！」と言うのであれば、それ以上の文句は言いようがないのですが、人の物を盗って、見つかったら「返せばいいでしょう！」と言うに等しく、それ以上は無駄だと判断し、代金を払って帰って来たわけです。その話を聞いて、「そんな国なのか？」と納得というか、「覚悟してかからねば！」と思ったものです。

☆製品の信用

「信用・信頼」はどこまで！

電化製品を購入する時、必ず店員が「テストをするか？」と聞いてきます。売っている物に対する信用がそれ程ないという事なのか？　かつて海外で「made in Japan」が安かろう・悪かろう、の代名詞の時代もそうであったのか？　という思いもありますが、今の日本では経験のない事で、戸惑います。

更にもっと面白い話は子どものおもちゃ売り場での事で、大きなデパートでの買い物（例えば模型自動車など）では価格もしっかりしていますが、「テスト」はしません。日本と違って模型のセットに電池は別で（だからそこではテスト出来ない）、プレゼントした場合にその場ですぐに楽しめないから、その場で電池も一緒に求めておくと好都合なのです。しかし、そのあたりのスーパーマーケットにも「おもちゃ売り場」はあり、小さい子向けの模型自動車などもあって価格も違って随分安いのですが、こちらで「テスト」してみると、ほとんどが「動かない・点灯しない」ので「だから安いの！」です。普通に考えると「そんな物を売るなよ！」という気もしますが、それでも子どもの年齢によっては「持って遊ぶだけでも結構！」なわけで、買っていく人もいるから商売になっているようなのです。正に「安かろう・悪かろう」を承知で売買されているのを見ると、商売とは面白いものです。また、こういう事が普通に行われているということは、それぞれお互いをある意味では「信用・信頼」している証拠なのかもしれないという気がしないでもありません。

☆人の信用

クラーク市（旧米軍基地の街）にある「免税店」での話で、何気なく見ていた店員同士の行動から、「人を信用しているかどうか？」の所作を確かめたことがあります。大きな建物ですから、入り口の前にも普通の店舗があり、外の店員（免税店ではない店舗）が、何かの用でその店に入って行きました。そして出てきた時、そこの店員が何も持っていないことを確認後、元の場所に戻りました。

初めは、何をしているのか不明でしたが、しばらくして、彼が何も持って出ていないことを確認しているのだということがわかりました。しかも帽子の中までチェックするに至っては、

「よくぞまあ気の付く事で！」という感じで見ていました。

帽子と言えば、スーパーやデパートに入る時、手持ちの物では「傘」は危険物ということなのか、入り口で預けさせられますが、場所によっては帽子も預けるように指示される事があります。女性の大きな帽子はことさらで、日本などではめったにない事ですから、鞄のチェックは当然ながら最初は気になりましたが、どうやら「盗難防止」のために行われているようです。

☆日本でも昔は……

用便は生理現象で、気をつけていても意のままにならないことはよくあります。他所の家でもその家の人に頼んで借りることは何も問題もありません！　しかし「恥ずかしいと思っているわけでもなかろうに！」家の前に止めた「車のタイヤ」に向かって立ち小便をする事はあるまい！　と思うのです。

隣に人を運んできた車のドライバーも時にそういうことをするようで、その度に和美は怒って注意し、その後バケツに何杯かの水で洗うと話していました。一言尋ねてくれれば、すぐ近くにＰＣＣの事務所もあるし、我が家のトイレもすぐに使えるのに！

――同じような事が、友人のFacebookにも載っていたので、フィリピンではよくある話のようです。日本人だけが大騒ぎすることなのでしょうか？

そういえば諸外国での日本人旅行者に関する評判で、昔は「立ち小便をする」や「どこでもタンや唾を吐く」等の嫌われ行動があったように思います。昨今は日本人のお行儀も良くなってきたということでしょうか。

☆「貰うことに慣れる」ということとは？

クルス博士から聞いた話からすると、フィリピーノは一般的に、「貰うことに何の抵抗もなく、いつでもどこでも」その事を「恥ずかしいなどと」思うことは絶対にないようです。

一般に、キリスト教の社会では「相互扶助の精神」を柱に「汝の隣人を愛せよ！」、「持つ者が持たざる者を助けていく」というのは普通のことであって、助けられる方も特別に深く考えることもないようなのです。しかしフィリピンの場合、それに加えて長年の植民地政策によるのでしょうか、ある意味で「虐げられてきた民族独特の生き方」がその歴史にそのまま残っている感じがします。その結果、逆らわずにおとなしく手を出していれば、その手に「いつも何かが貰える」ということが日常になってしまったように思えます。クリスマスシーズンになると、近所の子どもたちが毎夕「何か下さいな！」と訪ねてくる事があり、困った覚えがあります！　その時期に一度貰ったら、それで終わるというのが一般的だと思うのですが、クリスマスの飾りがある間は「毎日のように！」何人かが訪ねてきました。日本人には到底理解できないところで、フィリピンではあの家はお金持ちなのだろうから、「いつでも貰える！」と思うのが、ごく普通だという事です。

これもひとつに宗教・国民性の違い、人々の生活のあり方の違いであって、それほどおかしい事でもなさそうなのです。なので我が家では、次のクリスマスから自分たちはクリスチャンでもないので、飾りつけるのを止めました！

☆「恥ずかしい」と思う気持ちがあるのか？

隣のヌエヴァビスカヤ県に住む友人で私立学校経営者（大場さん）の話ですが、ＰＴＡの父兄が、小学校の運動会等での景品（あるいはそれに相当するお金）を市長に要求する（又は要求するように働きかける）など、日本人の見方からすれば、非常に恥ずかしい行為を、当然のように考える、ということを聞いたことがあります。

◆「物乞い」は恥ずかしくない？

年末の二十九日、突然「果物売り」がやってきたと思ったら、僕たちの注文も聞かずにどんどん数や重さを量ってボールに入れて「これいくら！　これいくらネ！」と攻めてくる！要る物だけ買い取って代金を支払う際には「メリー、クリスマス！」「ハッピー、ニューイヤー！」と言って大のオトナが手を差し出し、もっと「金をくれ」と物乞いの行動をするのです！

八〇〇ペソ弱分買ったから、レストランのチップ並みで「一〇〇ペソもあれば良いのでは！」と言って渡すと、更に「ハッピー、ニューイヤー！」と言って手を出してくるのです。「何を言っているの！」と言って自分は怒って家の中に入りました。「何なのだ？　あいつらは！」としばらく呆然としましたが、「クリスマス前の子どもと一緒だ！」と言って笑っていると当然のようにお礼もなく帰って行きました。何とも不愉快な一時でしたし、また信用して買った「ロンガン（ライチみたいな果物）」は古くて大半はカビ臭くて食べられなかった、というおまけ付きです。

◆貰えるものは何時なんどきでも受け取る！

小さな子どもへの贈り物を配っている場合などでも、宛名の名前が同じであれば、そばにいる母親が「これは私の夫の！」と言って手を出してくる事もあります。

☆貸した物がなくなる！

「人の物と自分の物の区別がつく人は稀？」というのはあまりにも酷い表現のような気もしますが、ここでは他人に貸した物は戻ってこないものだと思っていると腹も立ちません。一番簡単な例は、「お金を貸してくれ！」であって、顔見知りになると全く返すあても無いのに、平気で「お金を貸してくれない？」と話しかけてきます。実際には「少し恵んでくれない？」なのです！　一般に友達を失いたくなければ「人にはお金を貸すな！」と日本でもよく言います。ここではそれほどでもないらしく、センター内でも見ていると、よく給料日などに大声で「オーイ！」等と呼び止め、その返事と同時に近づいて「ポケットからいくらか出して」返すのを見かける事もあります。

お金とは別に日用品も、貸してから時間が経ってしまうと、戻ってくるのに時間がかかるというか、「なくなる」ことも度々あります。僕は既に三十年こちらに通ってフィリピーノと共同研究を行ってきましたが、その間に持参した器具などは、数えればキリがないほど失ってきました。一番良い例はヤギの体重測定などに便利な携帯用「五〇キログラム容量のバネ秤」という物ですが、しばらく時間が経ってからあちこちのヤギ飼育農家の軒先にぶら下がっているのを確認しました。これについては「我が教え子」との話なので、あまり深くは詮索しなかったのですが、彼らの言う「誰それに貸してある！」と言っていたのはあながち嘘ではなかったのか！　と変に納得したものです。しかし、その時は「前に持ってきたのがあると思うから、今回は持ってこなかったよ！」と言って、実験開始時の動物の体重測定をせずにスタートして「なるべく早く秤を回収して測っておくように！」と頼んで済ませていました。その他の器具についても「あ、それは彼に貸してある！」と言うので、その彼を訪ねて聞くと「あ、それは昨日友人が持っていった！」と言うのです。更にその学生に聞くことになるのです。しかし、その学生の反応の仕方・顔の表情で「今この場をごまかすために、口から出まかせを言っている」ということが見て取れると、三人目以降は聞かないことにしていました。特に高価で「金になる物」ではない限り、彼の不注意で壊したか、なくしたのであろうというふうに考えることにして、「悪気はないのだから」と思いながら、あまり深くは詮索しないよう慣らされてしまった感じでした。この事に関しては「その後の話」もあります。現役時代、僕の研究室の学生がＣＬＳＵに滞在して実験をしていた時、「次々と貸したと言う学生に問いただしても、嘘ばかり言って結局ないのです！」とその学生が言うから、「三人目以降は問いただしては駄目だよ！」と教えました。それは、それ以降も一緒に実験をしていくわけですから、お互いが不機嫌になるまで突き詰めてしまっても良い結果にはならないと思うからでした。性格にもよりますが、いい加減な事は許せないという人からすると、「何故そんな物がなくなるの？」と責めたくなりますし、当然のことですが「最終目的は、共同研究の成果を挙げる事だから」というぐらいに思えば、というように話した覚えがあります。このような人たちと付き合うのは、僕の親父も昔よく言っていたように「猫を追うより、魚を除けろ」の感じで、「貸さない・借りない」くらいな気持ちで、自分で十二分に気を付けることによって無用なトラブルは避けられるものと思われます。

☆お金で安全・安心が買えるか？

こちらに住みはじめて間もなく、隣のジュビーの紹介で以前ＰＣＣで「ＪＩＣＡプロジェクト」が実施された時の専属ドライバーに、マニラへのレンタカーを依頼した事があります。クルス博士がいつも気にかけてくれて、必要な時はＰＣＣの車を使うように言われていましたが、その時は自分たちの個人的な買い物等のためであるから、別な車を頼んだのです。少し高い気もしましたが、レンタカーというとこちらでは運転手つきだから「こんなものかな」と納得したものの、やはり「高いな！」という思いも少しはありました。その事を後日ジュビーに話したら、彼女の御主人曰く「客が外国人だし、ガードするということもあって少しは高いのでは？」という話でした。

近年は特に海外旅行が珍しくなくなり、日本人旅行者も外国でいろいろなトラブルに巻き込まれたという話の中に、「タクシーに乗っていて云々」ということをよく聞きます。日本は世界で一番と言われるほど安全な国のようですから、余程慣れていると思われる人でも外国で「危険な目に遭った」という話は山ほどあると思われます。最近目にしたネットの情報のなかの南米エクアドルでの話ですが、新婚旅行中の夫婦が夕食後レストランからタクシーに乗り、五分くらいしてからつけてきた何人組かの強盗団に襲われ、ご主人は亡くなり奥さんは重傷を負ったという事件の話がありました。その時の状況について、奥さんの話だと、最初にホテルの紹介したタクシーと料金の事で折り合わず、ホテルを出て通りの流しのタクシーに乗ったということでした。帰りも同じようにレストランを出たところで拾ったタクシーに乗ってから事件に遭ったということでした。僕たちもマニラに宿泊した際は、ホテルや市内のタクシーをよく利用しますが、流しのタクシーに乗ることはほとんどありません。現地の人も言うのだからそういう事があるのでしょう、「ホテルで頼むのが安全」というのが常識のようで、僕たちもなるべくそうしています。特に気にして流しの車とホテルに頼んだ場合と厳密に比べた事はありませんが、ホテルで頼めば多分料金が若干は高いのであろう！　と思います。つまりそれは「確実で安全なものですよ！」という部分の料金も入っているのだと考えられるからです。そこで、先に述べた「エクアドルでの夫婦の話」に戻って考えてみると、亡くなった人には申し訳ないですが、ホテルのタクシーと「もめた」というのは「少し料金が高いこと」であったのでは？　という気もします。流しのタクシーが全て悪いと言うわけではないのですが、ホテルのタクシー料金には「確実・安全」の料金も加算されているはずです。料金が少しくらい高くてもそちらを「別な意味で信用」していれば、そのような災難に遭うことも無かったのでは？という思いもしました。外国に行って、あるいはそこに住んで「安全に過ごす・暮らす」ことは最善ですから、ちょっとした気の付け方で身を守ることが出来るのかもしれないと改めて考えさせられました。すなわち「地獄の沙汰も金次第」と言うように、慣れない場所ではちょっとした事でも「安全はお金で買える」ものかもしれない、という思いもしています。

☆冷蔵庫より欲しい物

ＰＣＣの正面入り口に「警備員の詰め所」があって、人も車もそこで許可を貰わないと構内には一切入れないことになっています。私たちは構内に住んでいるため、そこを歩いて通ることはほとんどありませんが（大抵は車で通過）、その詰め所の先、百メートルくらいの所にできたＰＣＣ管轄の乳製品の製造直売所兼カフェ「ミルカクレム（Milka Krem）」に時折コーヒーを飲みに出かけるので、そこに常駐する警備員の人たちと顔を合わせることはよくあります。以前も休日には散歩の途中で新聞を取りに立ち寄ることなどありましたが、タガログ語が話せない私たちは挨拶程度しか言葉を交わすことはありませんでした。

ある暑い日、というか何時も暑いのですが（笑）、顔見知りになってからは、たまにアイスクリームを差し入れることもあります。また、そこに勤める人の中に私たちが手掛けている「ヤギプロジェクト」のレシピエントも居るようになってから、特にそこでの生活の様子が気になってきました。飲用水のディスペンサーはありますが、狭い詰め所の中でアイスクリームや冷たいジュースなど入れておく小さな「冷蔵庫」があったら便利だろうと以前から思っていました。最近は日本の中古品を扱う店も出来たし、小さなものだったらそれほど高価でもないだろうし、買ってあげようかしらと考えたのです。ある日、私がその話をしたら、「冷蔵庫？」「お前どう思う？」と言って怪訝そうな顔をしたのです。私も困ってしまって、そこでの即答は避けて帰宅しました。英語で十分に伝わらなかったのかなと思い、その話をいつものようにジュビーにしてみました。すると、冷蔵庫など買って貰っても「入れておくものが無い‥使いようがない」ということらしいのです。貰うなら「食べ物」が良いよ、という話でした。特にディスペンサーはあるから、コーヒーや粉のジュースでもあると皆で何時でも飲めてうれしい！　ちょっとしたスナックでも添えてもらえば大歓迎だということもわかりました。また、その時に「米」があれば電気コンロがあるから皆で炊いて食べられるし、もっと大喜びだと言われたのです。実際に皆で米を持ち寄って炊き、一緒に食事もしているということでした。それを聞いて「米！」と言って驚きましたが、考えてみればおおいに「納得」できる話です。昭和の日本でも、いわゆる「三種の神器」と言われた「冷蔵庫」は少し生活が豊かになって、その中に入れて「保存しておく程の買い物ができるようになってから」の話で、いわば「余裕・豊かさ」の象徴でもあったように思います。フィリピンでは二〇一三年が「米供給一〇〇%」の年として位置づけられており（実際は人口増加が上回り達成できなかった）、現実には「国民皆が腹いっぱい米を食べられる状況」になっていないわけで、それを思うと「米」の重要さが十分に理解できました。

後日談ですが、私が週二回日本語を教えているPCCスタッフのエリカさん（Ms. Erika）にこの話をしたら、「もっともな話だわ」とすぐに納得していました。一般にはまだ電気代が高くて「一旦冷えたらスイッチを切る」という主婦もいるようで、フィリピンでは未だ冷蔵庫はかつての日本でいう「三種の神器」の地位にまでも至っていないようなのです。

冷蔵庫を贈ろうかという話から、「米が一番」というところに落ち着いたというのもいきなりは納得できない話ですが、今思うとせっかちな私が一人合点で「冷蔵庫」を買って届けなくて良かったわ！

☆結婚式・披露宴の「妙！」

この国に住むようになって二年が過ぎた年の秋（十一月中旬）、PCCのセキュリティガードの一人に、「息子が結婚するので、出席してほしい」と言われ、結婚式に招待されました。僕にではなく、和美宛に招待状が届いたのですが、名簿を見るとスポンサーリストの所に名前が載っています。一般的にはスポンサーというのは媒酌人（仲介者）というように解釈すると思われるのですが、フィリピンでは少し違うようです。今回の場合、二十人強の名前が載っており、どうも「若い二人に何かあったら助けてほしい！」という思いが込められているようです。当日の朝は招待されていたＰＣＣのドライバーに連れられて予定の時間に出発しましたが、僕が思っていたのと違い、新婦側の宗派である小さな教会で行われました。ここでの慣習どおり予定の時間よりはかなり遅い「フィリピン時間」に始まりました。僕もそれなりの服装をして出かけたのですが、どうも今回は正式にお呼びでなく、「祝儀」も和美からのみ受け取られ、式場にも僕の席は用意されていませんでした。

初めてこちらの結婚式に参加しましたが、思ったよりも丁寧というか時間をかけて行われ、新婦の父親が挨拶の時に言葉にならず、一時外に出て涙を拭いて戻ってくるという状況にも驚かされました！　今回の二人は若いとは聞いていましたが、「新婦は十七歳」の若さで、新郎も十八歳ということで、若い父親の心情も理解でき、止まらない涙も納得出来ました（後で聞いた話ですが、今回の二人は若すぎて、いわゆる「正規」の挙式を教会で行えなかったようでした）。

さて、「披露宴の妙」として書きたかったのはこれから先の出来事で、実に合理的で納得もでき、楽しかった「宴」のお話なのです。

今回は時期（十一月中旬）が乾季の始まりの頃で、披露宴は暑い晴天の昼食でした。ムニョスの町には大人数が集えるホテルもレストランもないから、どこで宴が行われるのだろうと不安に思いながら「さる場所」に案内されたのです。一緒に出席したドライバーのK氏は承知していたようですが、車は町の中ではなく次第に田園地帯に進み、ある集落のはずれに近い数軒の民家の前で止まりました。遠くから見えた黒山の人だかりの場所に到着してみると、破れたテントを大木の間の日よけに応急的に張り、どこにでもあるプラスチックのイスに純白のカバーをかけ、一度に三十〜四十人は食事のできる民家の庭にできた即席の野外宴会場であったのです。尋ねてみると、この披露宴が行われている場所は新婦の生まれ育ったバランガイだそうで、まずは新郎がここで皆に認知してもらうための最初のお披露目なのだということでした。既に音響装置も準備され賑やかに始まっていて、新郎新婦にご両親・主賓の到着を待つばかりであったようです。僕たち二人は「特別な外国人」として「特別の席」が用意され、こぢんまりとした即席の食卓に案内されました。席に座るとその場の支配人格の御仁が「目配せ」の如く、「サンミゲールピルセンの缶ビール」を差し出して見せ、「飲むか？」という合図をしてくれたのですが、それがまた暑い中を移動して時間の押した昼食には「涙が出るほど」嬉しいものでした。ご馳走を食べながら「こんなに大勢の人が一度に食べられるのかな！」と思っていると、新郎新婦とご両親たちが食べ終えると自分たちの使った食器を持って立ち上がり、所定の場所から別の場所に移動したのです。そうすると給仕係の人が、そのテーブルの大皿にご飯やご馳走を追加して、その席に次の招待客を案内したのです。見ているとその他の大きなテーブルにいた客人も、食べ終えた人は同じように自分の使った食器などを持って席を空けているのです。自分たちもゆっくりビールなど飲んでいる場合ではない気がしてきたので、急いで移動して席を空けました。新郎新婦は食事を済ませると各テーブルを回って客人に挨拶をして、その後はメインテーブル前で皆と踊ったりしながら終始笑顔で対応しているのです。食事を終えてメインテーブルの前で踊っている新郎新婦のそばを通り過ぎる人の中には、お祝い(五〇〇～一〇〇〇ペソ札）を彼らの背中などに貼り付けていく者もいるのです。それを眺めていると、日本などでは味わえない二人の門出を祝う様子に、何とも言えぬ人情深さを感じました。正に「所変われば品変わる」であって、見るもの聞くものそれぞれが新鮮に思える素晴らしい結婚披露宴で、物やお金が無ければ知恵と工夫でどうとでもなるものだという「妙」を見せてもらった気がしました。

☆フィリピンのお葬式に参加して

私たちがマニラ空港に降り立ち、迎えの車に乗り込んだ時の事です。疲れているにもかかわらず、眠ることができませんでした。車のわずかな隙間に次々と車が割り込んでくるので、運転手がジグザグに運転するしかなく、今にもぶつかってしまうのではないかとドキドキしていました。しばらく行くと、車が歩くような速度になりました。前方を見ると二百人ほどが行進しています。さらに前方には白い車や大きな白風船が見えます。バンド演奏もあり、何かのお祭りかと思っていると、運転手が「これはお金持ちのお葬式です」と教えてくれました。赤い靴やピンクのカバンを持った参列者を見て、（黒が基本の）日本のお葬式とは違うなあ、と感じました。

また、ある日朝食を食べていると突然、大音響とともに車の列が見えました。お葬式のようでした。早起きの国とはいえ、朝のお祈りを終えて七時にはもう墓地へ行くのです。訃報を聞いてさらに驚くのは、亡くなった人の若さです。今までに四十三歳、四十七歳、四十九歳と働き盛りの人ばかりです。

その中にはヤギプロジェクトのレシピエント、卵売りのリンダさんの旦那さんも含まれます。彼は心臓発作で突然亡くなりました。リンダさんに「ヤギを全部売りたい」と言われましたが、今後の事を考えて一頭残して買い取りました。家が近いので、翌日訪ねてみるも彼女は不在でした。知り合いから金策に奔走していると聞き、「こんな時に旦那さんの傍にいてあげられないなんて……」と涙がこぼれました。小さな家の近くにはテントが設けられていて、男たちがギャンブルしているではありませんか。あまりに不謹慎だと、自分でもカーッとなり血圧が上がるのがわかりました。友人に話したところ、かけたお金は香典代わりとなり、フィリピンでは普通のことだそうです。葬儀はたいてい九日間の間に行われ、保存する日数に応じて遺体に腐敗防止の注射をするそうです。

またある友人の母親の葬儀に参加した時のことです。九十六歳と、フィリピンでは大変に高齢の方で、二百人の参列者のうちで泣いていたのは私一人でした。友人からは、「人生のすごいボーナスだから泣かないわ」と言われました。バンド演奏にコーラス隊の澄んだ歌声が美しい響きでした。一時間の式は珍しく、歌ったりひざまずいてお祈りしたり、親子でキスをしたりと、参加者全員で「送ろう」という意思を強く感じました。その後は墓地へお参りし、パンやビスケットを食べてピクニックのようでした。陽気な音楽も、宗教観も死生観も全く異なる初めての経験でした。

たまに町へ出かけると、銃の店や花屋の隣に棺桶のお店があります。日本では見ない光景に、足が震えてクラクラしそうになります。今、フィリピンは麻薬戦争中ですが、殺された麻薬中毒者でも葬儀では盛大に送られるそうです。見送る人たちは皆、「天国に行ける最後のチャンスだから」と口をそろえて言うのです。

☆「ぶら下がって生きる」とはどのような生き方か？

世界中どこの国でも、大なり小なり同じような事は行われていると思いますが、フィリピンでは「貧乏人が金持ちにぶら下がって生きている」という言い方をよく耳にします。平たく言えば「相互扶助」の実践で、余裕のある人が切羽詰まった状況にある人を援助してあげるということなのです。この国では、お手伝いさんの子どもの面倒を見てあげて、その家庭が裕福な場合は大学卒業まで面倒を見ることもあるようです。僕の所属するＰＣＣの中でも、年配のスタッフから「同じＰＣＣに勤めているあの子は、高校まで自分の家で面倒を見た」という話を聞く事があります。その場合、特に縁続きであるとかどうとかの話は聞かないので、例えば「近所の家の子だった」ということもあるのかもしれないし、日曜毎に出掛ける「教会で座った隣の人の子ども」であったということもあるのでしょう。そういう行為はフィリピンではどこにでもある話で、特に誰の世話になったとかどうとかという「どこまでも付いて回る話」ではなさそうなのです。ＰＣＣに勤めるドライバーＪ氏も決して豊かではなさそうですが、彼は「どこかの子どもの学資を援助している」と言うし、また他のスタッフが「一人の大学生の授業料を払ってやっている」という話も聞きます。また時には「そういう援助ができる人を募っている」ので、あなたも自分で面接して「学生一人に四年間奨学金を出してやりませんか？」

等という誘いを受けることもあります。「貧乏な自分が目の前に居て、君はほどこしが出来たわけだから感謝しなさい」というイスラムの社会ほど酷くはないようですが、「ほどこし」が出来るほど自分は豊かなのだから、「喜びなさい！」というのもキリスト教社会の一面を表しているのでしょう！　これが習い性となって「図々しくなる」と、日本人の感覚で言えば「いい加減にしろ、これで最後だからな！」等と言って止めようとすると、「どうして？　Why, Why?」という反応が返ってくるわけなのです。こんな状況に接すると「日本人には理解できなくなる」わけですが、「自分は貧乏」なのだから、裕福な人に面倒を見てもらうのは「当然のこと」と、思って暮らしている人からすると、援助が打ち切られる事など到底理解できないのだろうと思います。ここに暮らしてみて初めてわかった「新しい事」の一つが「ぶら下がって生きる」ということの「本当の意味」と、「貧困の現実」とはかくも厳しいものかということなのです。

☆「エアコンの風」を体感する！

ある朝、いつものようにマニラに出掛けるために車に乗ってPCCのゲートを過ぎて、ムニョスの街に入り、その日の運転手ジョジョ君（Mr. Jojo）の自宅に立ち寄りました。その日は彼のおばさんを途中の街まで乗せて行くことになっており、短時間ではありましたが彼の家の前で停車しました。その時、彼が運転席から降りるとすぐに車の傍に居た少年（五〜六歳くらい）が入ってきてドアを閉めたのです。ジョジョ君が「すぐに出発するからだめだよ！」と言ったのでしょうが、少年は「エアコンの風」と言って（多分タガログ語でそう言ったのだろうと思う）運転席に座り、「エアコンの吹き出し口」に顔を近づけ「フーン、これがそうか？」という感じで、目をつむりしばらくじっとしていました！「ああこれがエアコンの涼しい風なのか！」と彼が納得した頃、乗せるべき人が助手席に座り、積むべき荷物の準備ができて、ジョジョ君がドアを開けて入ってきました。少年はジョジョ君の隣人のようで、親しいように思ったので「彼は何していたの？」とジョジョ君に聞いてみました。その返事はなんと「エアコンの風を実感したかったの！」というものでした。意外な返答で少し戸惑いましたが、彼の家には勿論エアコンも無く、又それの付いた自動車も無ければ、エアコンの涼しい風を身近に感じ取る機会はほとんど無いのであろうということでした。エアコンの効いた快適なレストランで食事をするというような機会も無く、エアコンの完備された乗り物に乗って旅行した経験も無いために、エアコンの風の涼しさがどんなものか理解出来なかったのでしょう。何とも寂しい気がした一時でしたが、僕たち二人で「知らないということ・知りたいということ」はそのようなものなのだ！　ということを改めて感じ、今の日本の子どもたちには到底理解できないこと（珍事である）だな、と話しました。このような現実があることを見てしまって、この国の状況が「遅れているとか、貧乏なのだ」等と一言で言えるような状況ではないことをまた「改めて認識した」ある朝の出来事でした。

☆外国の文化・習慣の良いトコ取り

新年を迎える時の状況は世界各地でさまざまであり、日本国内で見ても北から南に長い列島の各地域でさまざまでしょう。多くの国々・地域での様相の違いは、一般的には多分に宗教的な影響を受けていると思われますし、大騒ぎをして楽しむ所や静かに来る年を迎えるという「厳かな」風潮もあります。特にキリスト教の信者が多くを占める地域では、キリスト生誕を祝うクリスマスが主で、新年は単に（静かに）その日を迎えるのみという場合が多いように感じていました。フィリピンはキリスト教（カソリック）国家ですが、新年の迎え方は一般のそれらの国々とは異なり、いわば中国風の爆竹による大騒ぎで新年を祝います。彼らに言わせると中国との付き合いは非常に古くて長いため、食文化も含めていろいろな影響を色濃く受けていますが、正月の祝い方もその一つであるというわけです。彼らの心情には長く緊密に付き合ってきた中国に対する「リスペクト」があるわけですが、元々陽気な民族でもあるため、各種フェスティバルの一つとして、新年を迎える時にも大好きな「大騒ぎ」をするわけです。これと関連して中国の新年（日本で言う旧正月）も休日であり、最近はそうでもないようですが、これも昔は仲の良かった中国への大いなる「リスペクト」の表れであると思われます。

さて、新年の迎え方だけではなく、この国の人々の気持ちの中にはいろいろな国や宗教に関する多大な「リスペクト」の表現方法があり、その一つが「休日」です。昔スコットランドに滞在していた時、和美の通っていた英会話教室で出会ったトルコからの留学生との話の中で、「君たちの国では年間の休日は何日あるの？」と尋ねたら、「わからない！」というのが答えでした。どうしてかというと彼の国の生活の基本はイスラム教であり、「イスラムの休日は年によって変わるから」というのがその説明でした。フィリピンでも、暦をめくると「イスラムの休日」が記されており、同じようにその日はオフィス・学校は休みです。住み始めて最初の頃は、「明日オフィスは休みだそうよ！」と和美に言われて（彼女は隣のジュビーから聞いて）、急に休んだように思う日が何日かありました。よく聞いてみると、フィリピンでは今も完全休戦とはなっていない「ミンダナオの内戦」もあり、常にムスリムに対する「リスペクト」の表れで、全てではないと思いますが「イスラムの休日はフィリピンの休日」となっているようです。

かつての宗主国との関連で言えば、馬鹿げた話だと思えるような習慣が未だに色濃く残ってもいます。実に面白いのは、昨今ＥＵの中でも「別な意味で」大いに注目されている「豊かな時代には問題無かった『スペイン王国』の生活様式や習慣」を貧困にあえぐフィリピンがあたかも伝統の如く引き継いでいる「滑稽さ！」です。かつて植民地からの略奪横領物資で生活していたスペイン王国の「パーティー・フェスティバルの連日」を今も引き継ごうとしているように思えます。一日三度の食事が十分とれない貧困層が未だにあるというのに、「ミリエンダ」と称してとる午前午後の「半端でない量の間食」の習慣がそれなのです。今でこそ「日本人はそのような馬鹿な間食はしない！」と宣言して調節していますが、移り住んで最初の頃は事あるごとに誘われて、断るとなんだか悪い気がして、時には「腹の調子を崩しながらも」付き合っていました。だから研修や留学で日本に滞在したことのあるこちらの人たちからは、日本にはそのような習慣が無いから、慣れるまでは「おなかがすいて」大いに困ったという話をよく聞きます。正にこの国の人たちは、働く時間を減らしても「ものを食べる時間」を大事にしているように思えるのです。

☆食べ物が無くても、「夏休み」を取る「気持ちの余裕」

住み始めて半年くらい経った頃、夕方五時過ぎに隣の大学（ＣＬＳＵ）の方から我が家の前を通って、帰っていく女性がいました。ある日家の前でばったり会い、「卵を買ってくれないか？」と話しかけられました。話を聞けばＣＬＳＵの養鶏場で働いているということで、それなら新鮮だから毎週月曜日の夕方に一ダースを買うことにしました。それまでは買い物に出掛けたスーパーで購入し、中には腐敗寸前の物もあったので、我が家としては随分助かりました。話を聞いたら気の毒なほど「安い賃金」で働いているようで、しかも次年度は自分を雇ってくれている教員が外国に出掛けるということで自分は解雇されるから、その後しばらくは仕事が無いという話でした。旦那さんは身体の調子を崩して失業中（トライシクル[*1]という三輪バイクの運転手）だと言うし、更に息子も仕事が無い状態だという話でした。そんな事を聞いても仕方のない話ですが、何か力になれればということで、その後彼女の始めた行商「サリサリストアー[*2]」の商品（炒りピーナツ等）を今も買ってあげているような状況です。次第に彼女の家庭状況も見えてきて、少しでも「やる気」を刺激することが出来ればと「ヤギプロジェクト」のメンバーに誘ってみました。ご主人の健康状態も次第に良くなっているようで、「ヤギ貸与」は大いに喜んでもらえる状況でした。ヤギの健康状態を見てもらう獣医さんグループと一緒に、レシピエントを訪問する機会に彼女の家も訪問しました。ＰＣＣからそれほど遠くない隣のバランガイの一角で、あまり豊かでない感じの集落でした。「私の家にも来るの？」という彼女の反応はあったのですが、和美にしたら「茅葺き屋根」の小さな木造の家（掘っ立て小屋）に数人が寝起きする状況は「予想外」であったようです。その夜は、本当に珍しいことですが食欲もなくなる程で、「子どもの頃から考えても、これ程の貧乏な状況を見たことがない」と言って呆然としていました。日本人はそういう「住宅」を見るとすぐに「冬」のことを想像するから、いわば異常な反応をするわけですが、ここは「常夏」ですから、それほど問題はないのです。ここではそんな状況は珍しくもなく、少し田舎に入れば普通ですし、更にあふれるほど「子ども」がいるというのが農村の風景なのです。その奥さんも「今までフィリピーノは誰も助けてくれなかったが、日本人が助けてくれる」と言っているようで、我が家に出入りするようになった事を本当に喜んでいる様子でした。

＊1　どの街でも、増え続ける「トライシクル」、旅のガイドブックでも解説されていますが、フィリピンでの庶民の足は小型の乗り合いバスの「ジープニー」とモーターバイクのサイドカー付きに似た三輪車の「トライシクル」なのです。

＊2　田舎で見かける民家の片隅に菓子などの小物を陳列しているお店屋さん。

さて、ここで書いておきたい事はその奥さんの話で、そんな「その日稼ぎ」のような状況で過ごしている人なのに、正月三週間のバケーションでヴィサヤ地方の自分の故郷に兄弟姉妹が全員集まって過ごしてきた、と言うのです。彼女は「自分にはそんな余裕は無いから」ということで、その一切の費用は中東に働きに出ている妹が出してくれたそうです。二、三日集まって皆の無事を確認し、近況を語り合った後に再会を約束して帰るくらいなら納得できますが、家の事を気にせず「三週間」も遊んでこられることが、日本人の感覚では理解出来ないのです。日々の貧しい生活を気にせず「楽しんでこられる感覚」が、我々と違う「精神の豊かさ」とも言えるのかどうかはわかりませんが、少なくとも日本人の自分たちにはそのような感覚は理解できませんでした。だから同じように「フィリピーノは翌日の事を考えずにクリスマスなどを祝う」ことも、我々日本人とは感覚が大きく違うからのようです。ある年のＰＣＣの「研究農場（Farm）のクリスマスパーティー」は中止でしたが、何故かというと「お金がなくなったから」でした。いつもは十二月二十五日以前にするのですが、前年はミンダナオの台風被災地にお見舞いをして、ＰＣＣ全体のパーティーもささやかでしたし、研究農場のパーティーも十二月二十八日に子どもたち主体で実施するように決まっていました。しかしそれも直前になって皆の意見を聞いたら、ほとんどの人たちが「お金がないから出来ない」という反応で、僅か四人だけの同意では無理な話で主任も諦めざるを得なかったようです。僕たちの感覚では「明日の食べ物が無いのに！」、今日全てを使い果たす等というのは「思考の外」ですが、こちらの人たちはそんなことが平気のようなのです。「どうしてなのか？」と聞いてみても、はっきりとしたところは未だに不明ですが、先に述べた「ぶら下がって生きる」ことが出来る社会であることと、僕が常に思っている「冬がない」ことが「死ぬことはない」に繋がり、気楽に生きることが出来るのであろうと思われます。ここでは働かないキリギリスたちも死ぬことはないわけです。

☆「洗面所・トイレ・シャワー室」に〝窓〟が無い！

かつての日本の農村などでは、洗面所はともかく「トイレ・風呂」は、いわゆる「別棟」というか庭先などに建っていることも少なくありませんでした。従って、窓が無く暗いなどということは少なく（少なくとも風呂場は）、あまりじめじめした感じを受けることは少なかったように思います。しかし、フィリピンでは、洗面所・シャワー（一般家庭に風呂は無い）・トイレは換気用の鎧戸の透かしはありますが、光の入る窓は無いのが一般的です。これはホテルなども同様で、建物の内側にあるので化粧をするにも「陽の光を受けて」等という健康的な感じですることはありません。先に「立ち小便」の話に触れましたが、屋外（庭先など）でのパーティーの時等「トイレを借用」するときは、玄関から「家の中」に案内され、すぐ「そこ」にあります。あまり話題にする事でもないので、特に聞いてみたことはないのですが、シャワー・トイレのような、自身が「無防備な状態」になる時は外からの人の侵入など容易でない「内側」の方が安全だという意識があるのではないかと「自分では勝手に」納得していいます。一般の住宅は「隙間風」等気にするような構造ではなく、開放的で「窓と言ってもガラスなど無い」場合も多く、簡単な構造では「わざわざ囲ってそのような場所」を作る必要があるわけでしょう。フィリピンでもかつては「森の中に入って」とか、「川の中で」ということも一般的にあったようですから、「家でトイレ」をというのは比較的新しいのかもしれません（僕個人の勝手な解釈ですが）。

現地の人に尋ねてみたら、意外と他の答えがあるのかもしれませんが、「ここでは」こんなところでおしまいにしておきます。

☆子どもでも気安く「家の中に入れない」

先にも少し触れましたが、自宅でパーティーなどを開いたりした際にあまり親しくない人まで来た場合、帰り際に気を付けないと、後で物がなくなっている事があるから用心するようにと友人から注意された事があります。

友人のメールから（前掲）

「いろいろな人、とりわけ訳のわからない人〈勝手に友達を連れてくる〉も多く来ますので物がなくなったりしないよう、充分管理されるようにご提案申し上げます。」

こちらでの集まりは「家の中」でというよりも、庭など野外でのパーティーが多いので、それほど心配することもないと思っていましたが、子どもが遊びに来て「水を飲ませて！」などと言ってきた時も同じようにという注意をもらいました。そんな時は、それほど遠方から来た子どもたちでなければ、「家に帰って飲んできなさい！」と言うようにして、家にはなるべく入れないようにという注意でした。

街のスーパーマーケットなどの商店内では、驚くほどの店員が働いていますが、安い賃金で多くの人に仕事を与えていることと、「万引き防止」と、もう一つは「店員同士の見張り」もあるのだということを聞きました。どこに行っても、それほどお互いを信用していないということなのでしょう。

☆なぜ「人々」は「政治家」になりたがるのか？

小学生の子どもが「学級委員に選ばれた！」と言って帰宅すると、翌日母親はケーキ（あるいはパイ）を作って学校に出掛け、子どものクラスの全員にお礼を言って配るのが定番であるといいます。それくらい親は「大喜びをする」のだそうです！　何故かというと、選挙で選ばれたということが、その子が将来「政治家」になる可能性が高いというように判断をするからだそうです。

何故この国では「政治家」がそれほど「モテるのか」というと、政治家＝お金持ち（裕福）という図式があるためです。まずはその一歩が「学校のクラス委員」であり、その後成人して実際にその次にくるのが組合などの長から「バランガイの長」のようなのです。しかしここで面白いと思うのは、大統領以下知事・代議士・市町村長からバランガイの長まで、決められた俸給（月給）は決して高くない、ということです。バランガイの長で大体七〇〇〇ペソぐらいが標準のようで、そこらの契約社員と大きく違わないのです。それでも彼らがその地位に就きたいと思うのは、「領収書」の要らないお金が「限りなく」と言って良いほど入ってくるからなのだそうです。すなわちそれくらいの権力を伴っており、何らかの恩恵を受けたいと人々が近づき、その人たちのいわば「貢ぎ物みたいなお金」がいくらでも入ってくるのだそうです。「領収書」の要らないお金（収入）というのは、「貢ぎ物」みたいなお金の他に、例えば自分のバランガイを通る道路を走る「トラック」等に一定の「通行料」を課す等の行為を指しています。このような「不正蓄財」の量は市長・知事・代議士・大統領とその守備範囲が広くなればなるほど大きくなるわけで、そういう意味での「政治家」の社会的地位というのは高いようです。そのようにして沢山ため込むことが可能であった人物が、次回の選挙でも勝てるわけで、選挙に要するお金というのは一般的に考えられる手段（企業収入：経営者）で得られるような範囲ではないそうです。不正蓄財の優れた人物、あるいは大きな財閥関係者でなければ、政治家を目指しても「票を買うお金」が不足して、しょせん無理な話なのだそうです。政治家はその地位にある時は相当の権力があるようで、いわゆる「何でもあり」ですが、一旦その地位を退くと、様々な不正が明らかになり「罪人になるのが常」みたいなところもあります。その典型が「大統領」で、マルコス以降ではほとんどの元・前大統領が起訴されて係争が未だに続いている現状があります。戒厳令下で二十年続いたマルコス一族の不正蓄財探しは今も国を挙げてなされているくらいですから相当なものなのでしょう。多くの発展途上国でも同じような話はあり、日本でもついこの間まで「金権政治」等という言葉が一般的であったくらいですから、いかにうまく「不正蓄財」をするかということは、政治家のある一面の能力と関係するのかもしれません。マニラ市内で有名な観光スポット「イントラムロス」には歴代大統領の顔が写真ではなく大きな銅版に彫り込んで展示されていますが、その前では必ずと言っていいほど観光ガイドが「これが一番悪い奴」等と、悪業の程度に沿って説明しています。

☆「予定は未定」を地で行く日常

日本でも日常的に「予定は未定！」等とよく言いますが、こちらでは正にそれが当たり前です。会議の日程等も大抵はその日の数時間前（場合によっては数分前もあり得る）に電話が来るのが普通です。朝出勤して「二〜三時間後に会議をするから」という電話を受けて、机に向かっていると電話が鳴り、「今から始めたいがどうだ？」ということは度々あります。

「酷いな」と思ったのは、後にも触れますがＰＣＣの年一回の行事である「Team building」*の時のことです。会場に着いて翌日午前の予定を一般のスタッフに尋ねましたが、「知らない！」という返事が返ってきました。それを知っているのは「行事全般の進行係」だけなのです。だから参加した大半の人たちは、会場に到着以降の様々な指示があった後に、行動をするわけです。勿論、任意のチームを作って競い合うようなこと（競技のプログラム）もあるわけで、いきなりの話で始める方が良い場合もあることはうなずけますが、全体の予定を知らされずによくも動けるものだと感心します。二日間の日程だと、おおよその出発時間・食事の時間や帰宅時間くらいは、わかっている方が行動しやすいように思うのは間違いなのでしょうか？　前日の夕方、オフィスの正面の窓ガラスに「往復の車と運転手名・乗車予定者氏名一覧表」が貼り出され、集合時間（朝五〜六時）とは書いてありますが、出発時間はありません。「どうして？」と聞くと、各車の運転手・乗車人員皆が集まったら出発するのだと言います。だから出発も実にまちまちで、現地に着いて朝食をとるわけですが、それも時間は決まっているわけではありません。公共の交通機関で動くということがないので、実に無駄な時間が多く、正に「予定は未定」なのがわかります。

＊センターのほぼ全員が何処かの施設に集まり、一泊二日の間一緒に過ごして時にはゲーム等をしながら、チームとしての意思を確認する研修会と称する小旅行。

☆車内の「忘れ物」を届けたら

最近ネットの記事で、旅行者の話として「遺失物」が出てくるのは世界で日本とデンマークぐらいだ、というのがありましたが、日本人からすると「ごく当たり前の事」が、世界中で見ると珍しいというのも奇妙な気がします。それに関連して、デンマークで街頭にあった自転車がなくなったが、その犯人は「モンゴル人の旅行者」であったという記事が付随していました。勿論、日本でもこのようなことは昔からではなく、発展途上の段階では一〇〇%出てこなかったことも僕の記憶の中にもあります。

しかし、フィリピンでも失くしたものが戻ってくることがあるのです。

マニラ市内に祖国の英雄「Rizal（ホセ・リサール）」の名を冠した有名な公園があるのですが、その中を回っている観光客用「馬車」の中に忘れられた「英国人女性のハンドバッグ」が、警察に届けられたということで「その届けた御者」がマニラ警察署長から表彰されたという話が新聞に載っていたという話です。ハンドバッグの中にはかなりの大金が入っていたようで、その女性はすぐに警察に届けたものの、「出てくる可能性はゼロに近い」と言われて、ほぼ諦めていたそうです。公園の中の何台もある馬車の中で、彼女は非常に幸運だったという話と、十分すぎる謝礼を貰った「御者」の名も公表されていて、今後「その馬車」は乗客であふれるだろうという記者の言葉で締めくくってありました。

また、ある旅行者がホテルの部屋のベッドに、現金の入った封筒を置き忘れたまま市内観光に出て、本人は気付かなかった（貴重品用ケースに入れたものと思っていた）のに、夕方ホテルのフロントで預かっていることを聞かされて驚いた話も新聞記事になっていました。そのような場合、この国では「警察に届けても」出てこないというのが普通の事であって、善人が普通の事をするとこちらでは「珍しくて記事になる」というのも面白い話です。

☆この国に「約束・約束する」ということは存在するか？

住み始めて一年くらいが過ぎた頃、マニラで以前から商売をしているという日本人の友人に、日本食レストランで出会った時のことです。私が「こちらの人たちは約束を守らないですよね！」と言うと、「奥さん、この国で〝約束〟するということはあり得ませんよ！」と即座に返答が返ってきました。その口調が「吐き出すが如く」でしたので、その人も、余程腹立たしい体験があったのかしら？　と思って聞きました。

「調子は良いけど当てにならない！」というフィリピーノの性質と同じですが、私たちは約束したつもりの事も「約束になっていない」のです。彼らの「yes, yes, OK, OK」は、その場限りの調子のいい返事であり、ほとんどの場合、信用したら後で失望することになるのです。だから例えば、「じゃあ今度の日曜日に来るよ！」等と相手の口から出たとしても、そのつもりで待っていたら「待ちぼうけ」を食うだけなのです。確実に前日の夕刻あたりに「明日伺います」と連絡があるか、あるいはこちらから「明日来ますよね！」等という確認をしなければ、話は無かったことになるのです。「予定は未定」がここでは日常だと述べましたが、約束もきちっと出来ないとなると、物事を計画的に進めようとすると大変なことになります。

ＰＣＣにおける「日雇労働」の話になりますが、公共機関であるので、支払いは「日給月給的」な取り扱いになり、月の半ば（十五日）か月末にまとめて払われるという形になります。そこまで「待てない」時（その日に現金が要る場合）はＰＣＣの勤めを休んで「夕方に賃金の受け取れる仕事（例えば稲刈り等のような単発的な仕事）」に行く事は許されるというのです。これは大きな工事（家の新築やその他の公共事業など）現場での賃金支払いも同様らしく、週一回払う人と週二回に分けて払う人に分かれるそうです。その日のうちに現金を受け取って夕方「家族の食料」を買って帰らなければ、「亭主の務めが果たせない」状況では、「その日の賃金を夕方受け取る」必要があるわけです。正に「その日暮らし」の感が見えますが、このような状況の人たちがまだ圧倒的に多いのです。だから「先の約束・予定」等が日常の中に多くはないわけで、一事が万事「出たとこ勝負」の感じで進んでいるのです。前もって約束が出来ないということは、「信用して物事を進めるのが難しい」ということに繋がりますから、「人を当てにできない」ひいては「国を当てにできない」ということにならないだろうかという気もします。言い方を変えれば、明日のこと、三日先のこと、あるいは一年先のことをしっかりと約束出来るということは、その日その日の生活が安定していることを意味するわけですから、今はこの国がその状況になるのを、不安ながら見守っていくしかなさそうですね。

☆投票日の前日は

二〇一三年、二〇一六年はいわゆる「総選挙」の年にあたり、「Election Ban」と言われるように、全ての公式な決定は「選挙」後になされるということになります。われわれ外国人にはよくわからない部分がありますが、Banと言うからには「選挙が終わらないと何も始まらない」という感じなのです。五月（上旬）に投・開票が終わって、下院・上院のメンバーが確定しないと国の諸々な事が始まらないということなのです。

僕が共同研究の試料採取でＣＬＳＵのSmall Ruminant Center（ＳＲＣ）を訪問した折、丁度投票の前日でレストランでの「アルコール」サービスは駄目ということで「コーラ」で夕食を楽しんだのを覚えています。いわゆる票の買収に関する「佳境」の時間帯に、双方の陣営にアルコールが入って「エキサイト」してくると、「殺人事件」が起こることもあることから厳しくなったとのことでした。そんな事より「買収に関する事」を厳しく禁止すればよいのにと思うのですが、その思惑は我々と違うようなのです。選挙にお金が要るのは皆承知で、上手く不正をして貯めたお金を候補者が「確実にバラまけるよう」に、皆が気を遣うというのも面白いなと思いますが、「事実」なのです。

☆物の値段は「人の顔を見て」

National Book Storeでは一枚一二ペソの絵葉書が、ほかの店（例えばFully Books）では二五ペソするのは何故なのでしょう？　これは単なるその種の絵葉書を販売している「店の規模」の差によるものであるのかもしれませんが、店員に理由をきいても納得のいく説明はもらえません。

一般に発展途上国では、ホテルの宿泊料やレストランでの料金は、いわゆる先進国からの観光客に対しては別料金を請求しても許されることは暗黙の了解とされています。以前、マニラ市内（マカティ）のホテルの料金の「差」について驚いたことがあります。それはまだメールのような便利な手段のない頃の話で、いつも泊まっているホテルには手紙か急ぐ時にはファックスで連絡をしていました。ある時、共同研究での滞在を終えて日本に帰宅する際に、「次は何日に同じホテルを予約しておいてくれ」と教え子のエドガー君に頼んだことがあって、その時の料金が随分と割安だったのです。同じホテルで同じ部屋を予約したのに、フィリピーノの彼が予約したため格段に料金が安くなっていたわけです。最近ではフィリピンの田舎町でも大型のスーパーマーケットや百貨店で買い物をすることが多く、レジで支払う料金に差があるということはありません。しかし直接店員や店のオーナーと品物を見て買い求める場合には、住み始めて初めのうちは「顔を見て」値段を決められることが度々ありました。しばらくしてからは、「日本人だけどこちらに住んでいるの」と言うと、いわゆる普通の値段で物が買えるようになってきました。しかし、オープンマーケットの野菜や果物売り場では、直前に店員が値札を蹴飛ばしてでも、未だに最初は吹っかけてきます。面白いのは、店のオーナーや店員が「顔を見て判断している」というのが明らかだということです。我が家に日本語を習いに来るミルカクレムのスタッフのエリカさんは、顔立ちが日本人のようであることから、友達と一緒に買い物に行くと必ず自分だけ「値段を高く言われる」のだそうです。タガログ語で「自分はフィリピーノだ」と言うと認めてくれるそうで、大抵の場合は不愉快な思いをすると話してくれました。僕たちの場合、値札のついていない物を買うときは、注意していないと不法に高い物を買わされる羽目になります。彼らにしたら外国人、特に「日本人」は金持ちだという先入観を持っており、言葉も不自由だったりすると「一ペソでも多く払ってくれれば儲けもの」というくらいの気持ちなのでしょう。こちらにしばらく滞在して「シニアーカード*」なる物を手に入れてからは、スーパーマーケットでは専用のレジがあるし、それを提示すると「エッ」という顔をされますが、偽物ではないから「フィリピーノ」として認めてくれます。日本では消費税が五%から八%になったといって大騒ぎをしていましたが、こちらでは既に一二%を負担しているわけで、普通に生活していても随分貢献しているとも思っています。

＊カードの入手に関しては、この国独特の「コラプション（腐敗）」と同質で、この国で一番大事だと言われる「誰を知っているか？」というコネクションの表れである。その当時の市長がＰＣＣの所長夫人の友人であったことから、ある日市長室を訪ねて紹介され、何故ここに住んでいるかというような話をした後、簡単な手続きをして発行してもらったものである。

☆何でも有り？（何が良くて、何が悪いのか）

僕たちが住んでいる通称ＪＩＣＡハウスは、ＰＣＣの管理区域内にあり、それは元のＣＬＳＵの敷地の一角です。従って、外の地域とは高いブロック塀（上部に有刺鉄線）で囲まれた中にあり、ガードマンの居る正門以外からは原則中に入ることは出来ません。ＣＬＳＵの中にあるので、そちら側への通路は「ＰＣＣ第二ゲート」があり、隣接する国の施設である「Phil Mech」の裏門と同じ所にあります。一般的に「バランガイ」と呼ばれる集落にも囲みが設置されていて、川や大きな道路などが境界になっている場合もありますが、それぞれの「テリトリー」が明確になっています。それ以外でもあちこちに大小さまざまな「住宅団地」がありますが、そのような場合も全て入り口（正門）があって守衛のチェックを受けなければ中には入れないような仕組みになっています。

フィリピンに住むようになり、目の前の高さ一・八メートル強のブロック塀の上に有刺鉄線を設置しているのを見て、「何故？」と聞いたら「侵入者」があるからだということでした。国の機関であるＰＣＣの敷地内の住人の生活は「豊かだ」という印象を与えているのかな、とも思いました。住み始めた頃、一般には「お手伝いさん」をお願いするのですが、僕たち夫婦はそういう習慣はないし不要だからと断り、洗濯機を購入しました。その時、屋根付き洗濯場に置くように電気・水道を準備してもらいました。その時もその場所を厳重に囲って、施錠するように言われて驚きましたが、「洗濯機が盗まれては！」ということで錠前が取り付けられました。

ＪＩＣＡハウスは丁度、境界の壁の内側約五〇メートルくらいの所にあって、塀のすぐ向こう側に用水路を挟んで道路があり、その向こうは農村で田畑が広がっています。その左右には大きく計画して失敗に終わった二カ所の「住宅団地」があり、一つはＣＬＳＵの人たちを対象に作られたそうですが、ちょっと高価過ぎたために、ほとんどが空き家です。ある日その「農村地域」を見たくて二人で出掛けた時、道路と住宅の区画だけある荒れ地に出ました。その住宅地を囲む塀の内側に十数匹の「ヤギの集団」がいたので近づいてみると、あたかも放牧されているようでしたが人影は見えませんでした。草を食むヤギの群れを見ながら個々の特徴などを観察して、「あれはヌビアンのクロスだ」などと話していると、その「ヤギ集団」の持ち主らしき人物がどこからともなく現れ、挨拶を交わしました。和美は以前に一度会ったことがあるという人物で、彼の弟がＰＣＣのホステルに勤務しているということでした。そこは丁度、隣のマンゴー園との境のコンクリート塀の傍で、そこらあたりに通路が開かれているのかな？と思いながら、誘われて彼の住む集落に移動することにしました。その時すでにヤギの集団は見えなくなっていましたが、彼に続いて歩いて行くと、境界のコンクリート塀の角にやっと人一人が這って通れるくらいの穴が開けられていて、そこから既にヤギたちは家に戻った後でした。僕たち二人もその「手造りの抜け穴」を這って通り、彼の家に案内された後、そのバランガイを通る広い道路に出て、元の道に合流して「グルッと一回り」した感じで帰宅しました。その時ふと思ったのは、たとえ空き地とはいえ「他人の土地」に断りもなく、ヤギたちを勝手に放牧している事実は一体どういう事なのだろう？　ということでした。多分あの穴も彼が自分で開けたのだろうということも容易に想像できましたし、わからなければ「何でも有り！」なのがここの生活なのかな！　という思いでその日の散歩は終わりました。「御免で済めば警察は要らん」ということの裏返しのような現実の話なのです。事実この国では「警察」は全く当てにならず、一般的には「お金をくれたら調べてやるよ！」という状況らしく、そこらの

「お巡りさんたち」は全く信用されていないのです。時々、新聞紙上を賑わす「強盗団・窃盗団」が捕まった場合、三回のうち二回は仲間に「現役の警察官」がいるというのです。街中で見かける白バイの警察官も昼食時になると真剣に違反者（車）を検挙し、違反を注意すると同時に「昼食」を所望しては「一件落着」というのが一般のようです。人々もよく承知していて、「昼飯をおごれば済む！」わけで、我先にという思いのドライバーだらけのフィリピンで、運転マナーが良くなるわけはありません。

教え子のエドガー君とマニラ市内を車で走っていた時、「先生、白バイに乗っている『お巡り』はよく見ると皆太っているでしょう！　彼らの昼飯はいつも上等だから」と説明してくれました。言い得て妙ですが、彼らは実に「恰幅が良い」のです。そのようなわけで、フィリピンでは何かが起こっても「頼る所が無い」という感じで、実に怖いなという気もします。こちらの友人から「日本は戦後速やかに復興したが、どこがどうだったのか？」と聞かれることがあります。僕はいつもそれに関しては「まず警察組織をしっかりしたことではないかと思う」と答えることにしています。日本の警察機構は二重構造で（時に問題も出てきますが）、末端の警察官も経済的に自立できるに十分な処遇をされており、若い時分から「悪の誘惑」に染まることがないように出来るだけの配慮がなされているからだと思います。人間の組織だからいろいろな人がいるのは当然で、一〇〇％問題ないとは言えない状況もみられますが、日本では一般に「何かあったら」警察に行けばその先の道が開けるという「信頼は確保されている」ように思います。フィリピンも彼らが「民主国家・法治国家」と言うだけあって、ＰＮＰ（Philippine National Police）やＮＢＩ（National Bureau of Investigation）の組織はあり、警察大学校もアメリカ並みに立派に整備されています。しかし日本で言う上部組織はきちんとあっても、その下の実際に人々と接する末端の警察官の身分がきちんと保証されていないのが問題なのです。一部は地方自治体が負担しているようですが、給料が非常に安く、「何か他の仕事」もしないと生活が保証できない状態なのだそうです。ですから手当が良ければ、民間のガードマンにすぐにでも転職するし、お金持ちが何か都合の悪い事を警察官に知られたとしても、高給を保証するから「我が家のガードマンになるか？」と誘い、その彼が「ＯＫ」すればそれで一件落着ということになり、事件は無かったことになるようです。

また、この国には森林資源保護、簡単に言うと「許可無く勝手に山の木を切ってはならない」という政府の御達し（方針）があるのですが、それでも不法伐採は止むことなく、いつも土砂災害の原因として話題になるのです。それについては、実際に不法伐採で儲けているのは「政治家」だというのですが、警察上部と結託して伐採した現物を搬出するので「現場を押さえられない」というのです。警察はいつもは厳重に道路を封鎖して木材運搬の車をチェックするのですが、政治家の所持するトラックが通る時は、前もって連絡を受けていて、「その場から警察官は退去」しており、警察の話では「自分たちは見ていない」ということで終わるのだそうです。しかしそれでも年間では民間人の手掛けた「不法伐採」により押収された木材もかなりの量になるようで、それらを用いて不足する学童用「机・椅子」を作ってはどうか、という提案がなされることも度々あり、実際にそのように処理される場合もあります。不正に処理されたものでも木材に罪は無いから、世の中で役に立つように仕向けられることは素晴らしいことだと思います。

☆物事に「制限・制約」はあるのか？

初めてこの国に入って空港からマニラ市内に向かう渋滞にあうと、最初はその原因が何かを判断するのは難しかったのですが、しばらくしてわかったことは、「ドライバーの無謀な運転」と、通りのどこででも乗り降りできるジープニーの「便利さ」なのです。ここでは「車」は正に自分のルールで走りますから、「交通ルール」とは別に「我先に」というのが基本のようです。路上で「クラクション」など聞くこともない日本から到着すると、まずは「心臓に悪い」光景を目にすることになります。その次に気付くのが「ジープニー」で、利用する方から見ればこの上なく「便利な乗り物」ですが、車の流れの中ではじつに「邪魔になる」厄介な代物であるのがわかります。「パラ」あるいは「パラ、ポ！」と乗客の一人が言えば、「どこでも」すぐさま道路わきに寄って停まってくれるし、また道路わきからの「サイン」があるとどこでも停まって乗せてくれるのです。バス停のある「路線バス」ではないから、それらが何台も通りを走っていると、彼らの動きに沿って他の車も動かざるを得ない状況なのです。

それともう一つこの国での特徴的な乗り物に「トライシクル」という三輪車があります。同じ三輪車でもインドで言う「トゥクトゥク」とは造りの違うもので、モーターバイクに取り付けた簡易サイドカーに似たものです。これが庶民の足で、小さな田舎道・農道にまで入って行けるので、家の前まで物を運べるタクシーの役目をしています。こちらの大学は日本と違ってキャンパスも広大（因みにＣＬＳＵは約三六〇ヘクタール）ですから、学生たちもトライシクルを利用して学内の建物間を移動しています。日本では広いキャンパスを持つ大学でも考えられないことですから、日本に留学経験のある教員からはこちらの学生は歩かないし「怠け者で駄目だ」という批判もよく耳にします。広い学内も大きな日陰樹があって緑は十分とは言うものの、年中暑い所では少しの事でも歩くのは大変かなという気もするし、便利さに甘える気持ちもわかります。そもそも大学内で一般の人が仕事をする（金儲けをする）ことなども日本人の常識では考えられないことなのですが。この「トライシクル」の数が最近特に増えてきた感じがして、尋ねると近年は韓国・中国産のモーターバイクが安く手に入るようになって、より手軽に買えるようになったからだということでした。街の中にはそれらの「停車場：溜まり場」が決められている場合もありますが、それでも町中にあふれていて、商店街等の人の動きを制限するほど、どこにでもあります。仕事の無いフィリピンでは、最初にローンを組んででも手に入れると、その日から街中に出て客を拾えば稼げるわけなのです。成功してそれなりの仕事に就いている人の前歴を聞くと、大抵の人が「トライシクル」のドライバーと言うようです。トライシクル一台の価格は日本円にして二十万円弱ですから、コツコツ小銭をためてローンを組めば手に入れるのはそれほど難しくなさそうなのです。場合によってはオーナーとドライバーは別だということもあり、お金持ちはレンタル料で稼いでいることもあるようです。ちなみに隣のCLSUのキャンパス内は入れる台数は決まっており、多くは「学内の教授がオーナーだ」という話も聞きますが定かではありません。最近国道の改修時に幅を広げて、行政としては側道をトライシクル専用道にという配慮をしているのですが、約束事を守る習慣が無い国民にとって、ほとんどその効果は見えません。幅の広がった国道は彼らの格好の「駐車場」になっているだけで、車の流れをスムーズにするための効果はほとんどないようです。その一台がどれほど国道の車の流れを鈍くしているかということは、走る速度を見れば「渋滞の原因」が一目でわかります。中央・地方の行政がなぜジープニー、トライシクルを「規制」出来ないかと尋ねると、一台のそれらの後ろには五〜六票があり、そんな事を口にした人は決して選挙で勝てないため（市長・議員になれない）、この連鎖を断ち切ることはできないだろうというのが一般的な答えなのです。それにしてもモーターバイクの免許があれば（無い場合も沢山あるようですが）、誰でも「開業」出来る商売ですから、その制限も無い状態では「過剰供給による自然淘汰」を待つ以外に手はなさそうです。しかし、いかに自分のことしか考えないとはいっても、自ずと社会の秩序は必要なわけで、それすらも考えないのかと思うと「お手上げ」の状況です。

☆徹底したところがない！

ある日、隣のジュビーに、お手伝いさん仲間の伯父さんが午後「トライシクル」で迎えに来る時、「買い物をしてきてもらえないか頼んでほしい」とお願いしました。了承してくれたのに、約束した時間がきても何の連絡もないので、彼女が連絡してみると「すでに帰っている」という返事だったようです。すると彼女は、自分で近くの「トライシクル」乗り場で一台チャーターして、私が頼んだ買い物をしてきてくれたことがありました。その時私はジュビーに、そんな時、先方に「なぜ連絡なしで帰ったの？」と聞かないの？　と聞いたところ、「そんなことはしないわ」という答えでした。どうしてかと聞いたら、「家を覗いたけど居なかったから」というのが一般的で、フィリピーノは「自分の都合が最優先」なのだという話でした。所詮、ここはそんな所なのかしら！　というくらいの事でしょうか？

先にも触れましたが、明らかに嘘（もしくはいい加減な事）を言っているというのがわかると、「それ以上は詮索しない方が良い」し、それ以上追いかけるとお互いに気まずくなるだけ！　ということだと思います。またある時も要領の悪い運転手のレンタカーでマニラに買い物に出向いた際、地図が読めずあちこちで人に尋ねるのですが、一向に目的地まで着けないことがありました。その時は「どうしてなの？」と言ってイライラしましたが、後で考えてみると「聞かれた相手がいい加減に教えている」からだ、ということが想像できました。そして間違っていたとしても、初めに聞いた人に「そこには無かったよ！」と言うわけではないので、商売人が一見の客にいい加減な商売をするのと同じことだと思えました。でも、そういう意味では「いい加減」ではあるけれど、「知らない！」と素っ気なく答えるよりは「にっこり笑って」まことしやかに相手をしてくれる方が、人としての温かみを感じないでもないように思えます。先にも述べた「yes, yes, OK, OK」に繋がる「いい加減さ」の典型ではありますが、このあたりの「人の良さ」が、ガイドブックにあるフィリピーノの「明るく人懐っこい」という表現と一致するのかもしれません。しかし実際に「人と会う」とか「欲しいものを探している」というような場合には、そのいい加減さに振り回されて、信用したことを後悔し、腹立たしく思うことは度々あります。これには慣れる以外にはないようで、一〇〇%信用しないまでも実際には人に「尋ねてしまう」のが人情なのでしょう。

☆日本人でも分からなかったのに……

先の話と反対に正に最初に聞いた人から次々と尋ねていって、その通り「欲しい物が買えた！」という出来事がありました。

私たちが進めているヤギプロジェクトのレシピエントの一人に、交通事故の後遺症により歩行困難な中年男性がいます。私たちも見かねて「身障者用のステッキ」をプレゼントしたいと思って、ショッピングモール（SM）に出掛けました。以前に何回も失敗しているので、インフォメーションデスクで尋ねるのはやめて、「ユニクロ」店内の日本人スタッフに聞いてみました。若い男性（日本の大学生で一年間のインターンで来て一カ月経ったところ）でしたが、「身障者用のステッキ」という物がイメージできなくて、年長者の日本人の店長にも尋ねてくれました。しかし二人ともよくわからないということだったので、SMで売っているのは確かだと聞いてきたから、その日本人の店員さんに「ユニクロのフィリピーノの店員さんにSMに電話で聞いてもらって！」と言って頼んでみたのです。そうしたら一階に下りて（因みにユニクロは二階）「Kultura（国産品のあらゆる物を取り扱っている）という看板の店で売っているから」と教えてくれました。教えられたように一階に下りてその店はすぐに見つかりましたが、やはり「身障者用ステッキ」をユニクロの店員さんたちがイメージできなかったようで、教えてもらったその店ではいわゆる普通の「ステッキ・杖」しか販売しておりませんでした。しかし、そこの店員さんに説明したら理解してくれたようで、隣の建物のNational Book Storeの傍を通り抜けて、外に出たところにある「Watson」という店（薬局）にあると教えてくれました。「またあちこち動くのかしら?」と覚悟して、隣の建物に入ると先程、葉書を買った「National Book Store」の隣に「Watson」が見えました。「建物の外」だと先程の店員さんは言ったけどな?　と思いながら、そこに入って聞いてみました。しかしそこには無くて、その建物の外（隣の建物）にある同じ「Watson」に入ると、先程の店員さんの言った通り「車いす等」の身障者用グッズが並んでいました。「この国に来て、初めて教えられた通りに動いて用事が済んだわ!」と言って二人で苦笑しました!　「これは特筆に値するわ!」ということで、ここに改めて記しました。初めて「この国もまんざらでもないかな?」と思い直した出来事でした。

☆この国の「郵便事情」

多くの発展途上国では、日本からのEMS便の追跡に関する事情を確認すると、国内の郵便物集配に関するシステムはデタラメであることが多く、大抵はその国の中央局に到着以降は「追跡不可能」ということなのです。フィリピンもマニラ首都圏の旧市街に「マニラ中央郵便局」があり、官庁街のケソン市にも立派なCentral Post Office（中央郵便局）があります。マニラ市内に住んでいれば、これらの本局に郵便物を持ち込んで発送すれば、日本で考えるのとほぼ同じ状況で各国・各地に届けられるようです。

先年、東アフリカのタンザニアを訪れた際に、友人のシェム博士（Dr. Martin Shem）にも郵便事情について尋ねたことがありますが、そこでも同じように、外国からの郵便は東海岸の大都市「ダルエスサラーム」に着いて、彼の居るモロゴロ市等へは何らかの便で届けられますが、定期的ではないという話でした。だから官庁・商社などは「私書箱」を設置して、定期的に受け取りに出掛けるのが一般的であるということでした。

フィリピンでも国内の配達システムは同じように不定期なものだと思いますが、一定の流れはあるようです。というのは、ＰＣＣで受け取る郵便物は、最終的にＣＬＳＵから運ばれて来ますし、郵便物にＣＬＳＵの郵便局が受け取った日付のスタンプが押されています。その前に旧県都カバナトゥワン市の郵便局の受け取り日付のスタンプも押してあります。しかし、同じ構内のＣＬＳＵ郵便局の受け取り日付から二、三日後に届くことが多いのです。また、同じ日付の、その日に届くこともあります。何かの便があったら届けるという感じで、時にはＰＣＣ正面入り口のセキュリティガードから葉書を受け取ることもあります。

さて、ここで書きたい「郵便事情」というのは、そのようなシステムがいい加減だということだけではなく、「お金にまつわる話」になって、実に不可解な事実なのです。市場の買い物と一緒で、「人の顔を見て」という感じですが、同じ絵葉書を日本に送ろうと思ってＣＬＳＵ内の局から出すのと、ムニョスの市庁舎内にある局から出すのとでは時に料金が違うという話です。郵便局の窓口で、「先日あちらから出したら○ペソだったよ！」と言うと、「いや、うちでは△ペソだよ！」というような、実にいい加減な事がまかり通っているのです。特に小包などを出そうとすると、「数十ペソ単位」で異なることはしょっちゅうで、この国の郵便料金というのは一体どうなっているの！　という感じなのです。

これは二〇一五年の話ですが、久々に刊行した著書（教え子エドガー君夫妻との共著の専門書）を各地（各国）の友人・教え子たちに贈呈しましたが、東アフリカのタンザニアの三人に送ったものは、ＣＬＳＵ郵便局からＥＭＳ便で出して一年以上も経過しますが、メールで確認しても未だに届いていません。同じ東海岸のケニアには四カ月以内で届いたのに、どうなっているのか未だに不思議です。過日ＣＬＳＵ郵便局でその話をしたら、いつもの係の女性は「こちらは確実に出したのだから、それは多分先方の事情よ！」と言って笑っていました。ここでは郵送料金が多額になっても高額切手や「料金別納」などという扱いは無いようで、ＥＭＳ便などは葉書や封書用の小額の切手を封書の裏側など一面に貼り付けて発送するのが一般的です。

また、システムがいい加減だとは言っても、ＣＬＳＵ郵便局で受け付けると、たとえＥＭＳ便でも直接マニラに運ぶわけではなく、旧県都のカバナトゥワン市で一泊した後マニラに届けられるようです。それを聞いて「どうしてそんな事をするの？」と聞いたら、「それが決まりなのよ」という返答に呆れてしまいました。郵便業務は万国共通で、情報網としてはいずれの国においても重要であると思われますが、この国の郵便事業の実情を見る限り、何が大事で、何が大事でないのか、区別がついていないように感じます。

郵便料金がいい加減だということと同時に、もう一つ「保管料」を徴収するということがあります。葉書や封書の郵便物の場合は無いのですが、小包を受け取る場合には、届いたから預かっているという連絡を受けてすぐに受け取りに行ってもいくらかの「保管料」なるものを請求され、理由を聞いても説明は無いものの、払わないとその小包を受け取れません。何処で聞いても「決まりだから」と言うだけですが、実のところは「外国人」に対してだけのようなのです。よくある話で、不愉快だから確かめてはいませんが、そう推測はしています。というのは、関税の話と同じく、僕たちがこちらでの生活必需品を郵便で送ったときには、古着・中古電気製品全てにそれなりの（根拠のはっきりしない適当な金額）税金を払ってきました（実はこんな田舎まで送るのは大変だろうからと思って、ＰＣＣのマニラオフィス宛にしていたので、スタッフが受け取ってくれていて、所長クルス博士の計らいでＰＣＣが払ってくれていたのですが）。

また、この件は、島根大学時代の教え子で今は大阪で高校教員をしているＳ君が、卒業生に頼んで譲り受けた体育館シューズを洗濯した後、ここ数年で何度かに分けて一五〇足ばかりをこちらの子どもたちにということで送ってくれているのですが、その場合の荷受人は教え子のエドガー君であって、彼が「税金」や郵便局への「保管料」を払っているという話は聞かないからです。ここでも定かではないのですが、前述した「先進国の人に対してはそれなりの高額料金を請求しても良い」という途上国の特典が適応されているのかもしれません。しかし、「決まりだから」と言って要求はするのに、催促しないと決して領収書は発行してくれないのです。はたしてその「保管料」なるものは、役所のお金として入るのか？　あるいはその受け取った本人がポケットに入れるのか？　全く定かではありません！

五　「電気」と日常生活

☆温水シャワーでホッとする？

僕が初めてこの国に足を踏み入れた時（一九八六年）、成田からマニラに到着後、国内線に乗り換えて、空路ミンダナオ島の玄関口とも言うべき、きれいな街「カガヤンデオロ市」に到着し、そこからは車で日本を出て十数時間経った夜半に中央ミンダナオ大学に到着しました。その頃の日本の状況から考えても、約半日の車の旅、しかもかなりの部分は未舗装でしたので、正に慣れない旅で疲れたことを思い出します。宿舎の学生寮の一角にあるゲストハウスに着いて一服してから、今は亡きリーバス（Dr. Rivas）教授夫人の手料理で心のこもった夕食を頂いた記憶があります。その後は、今と違ってＴＶがあるわけではなく、部屋に戻ってシャワーを済ませてベッドで横になっていると、隣の「学生寮」から音楽が聞こえ、騒々しくて休めそうにもないので、三人の大先生のうち一番若い中原博士を誘って覗いてみることにしました。彼らも初めは驚いたようでしたが、自己紹介をした後、何をしに来たかなど話しているうちに、珍しい中高年の日本人二人をダンスの輪に誘ってくれました。そんな事が僕のフィリピンを訪れた時の最初の思い出であり、「陽気な楽しいフィリピーノ」という強烈な印象を持った最初の出来事でした。

余分な前置きが長くなりましたが、ここで記しておきたい事は、その宿舎で浴びた「水のシャワー」です。その宿舎では「湯・水」の両方の印のある取っ手はあるのですが、どちらも「水」しか出なかったのです。すなわち「温水を供給できる装置」はそのシャワー設備と一体にはなっていなかったということなのです。翌日、田先・清水両先生に伺ったら、「そうだよ、田舎に行くと水だけ！」とこともなげに言われ、そうか！ そういう所か！ と納得したものです。その年（最初にこの国を訪ねた年）はミンダナオ島内を回って、ヤギの生産（飼育）の状況を視察したのみでした。現在住んでいるルソン島のヤギについて調査を始めたのは一九八八年の三月からでした。それから現在まで二十数年間に及ぶルソン島の放牧ヤギに関する調査研究を行ってきたわけですが、その始まりはマニラの南に位置するフィリピン大学ロスバニョス（ＵＰＬＢ）校の構内にあるマンゴー園でした。ルソン島の中央にあるその名も「Central Luzon State University：ＣＬＳＵ」を訪ね、ＰＣＣの所長であるクルス博士（当時同大学助教授）に初めて会い、今のディグディグ町にある水牛センターの前身「Philippine Carabao Research & Technology Center」も訪ねた記憶があります。ロスバニョスからここムニョスまでは、ほぼ一日のドライブであったように思います。早朝にＵＰＬＢを発ち一路北に向かって走り、マニラに近づくと上空が曇ったスモッグに覆われ、大都会の空気の悪さの象徴のように感じたものです。今程ではないにしろマニラ市内の「ひどい渋滞」は相当なもので、深夜早朝以外は通り抜けるのが大変でした。現在の北方ルソン高速道（Northern Luzon Expressway：ＮＬＥＸ）が完成するまでは、マニラ市内を通過して旧ハイウェイ（マハリカ）を途中、たいして休憩もせず走っても尚半日はかかったように思います。従って、いつもＣＬＳＵに着くのは暗くなってからであり、途中の風景を見ながらのドライブという記憶はほとんどありません。

しかし、何時間かかって到着しようが、ＣＬＳＵのゲストハウスのシャワーも水しか出なくて、深夜に到着した時などは、いくら疲れていても「エイヤ！」と構えてから浴びたものです。

その後何年かして、ゲストハウスにも電熱の温水シャワーがついて、「ホッとした」のを思い出しますが、それが何時頃からだったのか記憶が定かではありません。

☆突然の停電（エネルギー不足）

二〇一三年になって少し停電する日が多くなったように感じて、ふと隣のジュビーに尋ねると、「そうね、今年は選挙の年だから、その関係で使用量が増えているのよ！」ということでした。そんなところにまで「Election Ban!」は影響しているのか、と驚きましたが、とにかく選挙の年は大変です。面白いのは、「Sin Tax」と言われる「お酒・タバコ等」にかかる税金で、お酒（アルコール類）については投票日が近づくにつれて徐々に上がっていくようなのです。何故かというと投票日が近付くと皆が「エキサイト」してくるため、少しでも値段を高くしてなるべく「飲みづらくする」のです。前にも述べましたが、選挙の前日は一切アルコール類の販売は禁止です。選挙が近付くとあちこちでいさかいが発生し、極まれば「殺し合い」もあるというから大変です。酒類の販売調整と同様に電力事情にまで「選挙」が影響するというのも、いかにこの国の「統一選挙」が国民の重要な関心事であるかが窺えます。

電力不足になるのは承知の上で原発を止めた国ですから、停電が日常的である事は皆が承知しています。ほとんどの場合、突然にやってくるという感じですが、時には「今日は朝八時から夕方五時まで」というような予告停電もあります。しかしどのようなルートで通知されるのかわからず、ヨソ者の我々は後から知ることがほとんどです。

近年の人口増加の状況では、電力消費の増加も進んでいるのは理解できますが、せめて毎回「予告」くらいは可能ではないかと思って暮らしています。

しかし、予告の有り無しとは関係なく、ここの人たちは停電に対して騒ぐわけでもなく「ノーカレント（停電してる）！」等と言って、それほど怒る様子もないのには、まず驚かされました。電気が止まったので、隣のジュビーに「電力会社に電話しなければ！」と言うと「どうして？」と聞かれたのです。「何故そうまでする必要があるの？」と聞き返されると、「だって洗濯もできないし、テレビも観られないでしょう！」と言うくらいがその返答でしょう。そうなのです、夜間ならいざ知らず、昼間に家庭でテレビも無ければ、まして洗濯などはメイドさんの仕事ですから、停電である事とは関係ないのです。二人でその事を話してみて、日本の生活とこちらでは全く違うわけで、「怒っている日本人」を見て彼らは不思議に思ったのでは？　と思い「納得」しました。文化の違いというか！　生活のレベル・生活の違いというか！　その辺りの違いを十分理解しないと、ろくに話も伝わらないことがわかったのです。

先日も、先に述べた教え子で高校教師のS君が訪ねてきてくれて、この国の田舎の現状を見たいと言うので、隣の県に住む日本人の友人宅に泊めてもらいました。丁度訪ねた折に停電があったらしく、後で聞くとその日は翌朝まで続いたようで、慣れない他人宅での夕食から一夜を明かすまで大変だったようです。後日の便りに教訓として、次回伺う時は英語の勉強は無論、「明かりが無くても用が足せる事に慣れること」というのがありました。今の日本では、「停電」などというのはめったにないことで、慣れぬ一夜を、真っ暗な他人宅で過ごした彼の不安が目に見えるようでした。

☆再「停電」考

この地に住み始めて間もない頃、それほど大きくなかったように思いますが二つの台風に襲われ、数日間の停電がありました。その時は雨風が強くなった夜半から電気がつかなくなり、来てすぐだということもあり状況もわからずどうするか考えていた翌朝、所長のクルス博士がパンやクッキーなどと一緒にローソクを持ってきてくれたのを覚えています。その日は窓枠の下から入ってきて床に溜まった大量の雨水を処理したりしながら、「寒い時期が無いから、建物は隙間だらけで、いい加減に作ってあるな！」と二人で話しながら過ごしました。その日も電気は来ないままで、夜はローソクで過ごし「たまにはいいな、ロマンチックで」等とたわいもない事を言いながら夕食を済ませた記憶があります。その翌日、夕方に停電はようやく回復して、TV電波も順調に流れて、元の日常に戻りました。先にも書きましたが、日常的な短期間（半日か一日）の停電はこの国の事情では普通なので、ことさら話題にはなりません。近年の日本ではインフラもしっかりしてきて、少しのことでは停電もしないし、あったとしても短時間で復旧するから、災害時を除けば一昼夜の停電など経験するのは稀でしょう。最近では我が家でも慣れてきたというか仕方がないので「怒ること」もなくなりましたし、洗濯の途中などでも「今朝もやられた！」等と言って済むようになりました。

　さて、ここで「再」として項を改め、もう一度停電に関する思いを改めて書いておきたいと思ったのは、住み始めて二〇一三年十月初めの出来事があるからです。ルソン島沖で発生した数ある台風のうち、二十五番目に当たる「ＮＡＲＩ」というかなり大型の台風が、十月二週目金曜日の夕刻ルソン島を東から西に横断しました。幸いムニョスはそれほどの大風もなく、雨もそれ程ひどい感じではありませんでした。それでも夕方から停電し、有線電話・ＴＶも役に立たない状態になりました。まだ結構な風も吹くので、夜半十二時くらいまでは熟睡できず、時折外の様子を見ながらウトウトするという状況でした。いつものように二階の寝室の窓は開けたままで朝を迎えました。夜が明けてみると家の前の路上には木の葉・小枝等が散乱して、台風一過の感じはありましたが「特に大きい被害」があったようには思えませんでした。その日は自分たちの仕事の一つでもある「ヤギプロジェクト」の農家回りをする予定でしたので、とりあえず足元も悪いから中止する旨を関係者に連絡しました。朝食を済ませ、いつもより少し早い時間でしたが、ミルカクレムにコーヒーを飲みに出掛けました。そんな中でも何人かの客があり、スタッフのエリカさんも来ていて、実のところ彼女は「スタッフが来ているかどうか確認に来た」というのが本音のようで、二人とも聞いて呆れました。外の様子も、雨風はほとんど治まっていましたが、コーヒーを飲みながら彼女の話を聞くと、この地を襲った台風としては二十五年ぶりの大物で「相当な被害が出たようだわ！」ということでした。幸運な事に、僕は日本に居る間も大きな災害に遭ったことがなく、ＴＶも観れず電話・インターネットも不能な状態で、広い範囲の様子がわからないという状況の中に居るのは初めての経験でした。ラジオ短波放送のＮＨＫニュースでは、余程のことでない限り「フィリピンの台風被害」を伝えることなどないので、そこからの情報もありませんでした。その日は午後になると晴れ間も出てきて、正に「台風一過」の様子、「夕刻までには電気も回復するよな！」という感じであり、夕方は少し早めにいつもの運動に出掛けてＣＬＳＵまで歩いてきました。その日は早めに夕食を終えて、今更「蛍の光・窓の雪」でもあるまいと「読書ならず、入りの悪い短波放送を聞きながら」床につきました。翌日曜日は、センターのネットは使えるだろうから少し世間の情報でもと思って、少し早めでしたがオフィスに出掛けてみました。オフィスは常時、自動的に発電機が作動するので、明かりと冷房はいつも通りでしたが、まだインターネットは使えませんでした。仕方なく携帯の充電だけセットして、二人で早朝からミルカクレムに出掛けコーヒーを飲みながら、世間の情報に耳を傾けることにしました。「電気」のあるお店は繁盛しており、多くの人たちがミルクやジュースなどを家族で楽しみながら、携帯電話等を充電していました。今日は天気も良いし、復旧作業もはかどるだろうな！　等と話しながら、「今回の台風はこの県内に大きな被害をもたらしているそうな！」ということを聞いても、実感としてはそれ程とは思えませんでした。その夜は隣のジュビーの援助もあって、大きな二本のローソクの明かりで夕食をとりながら、遂に本音か？　という感じで、「来週帰ろうか？」という言葉を口にしてしまいました。自分たちの感覚ではそれほど大きなダメージをこの地域が受けたという思いはないので、電力が不足していて「停電」は許せますが、しかしこの程度の事で二日も掛かって修復できないというのはどういうことなのか？　高い料金を取っているのに、サービス精神はどうなっているのか？　その「一生懸命にならないところ」が許せない！　という気持ちになって夕食は終わりました。気持ちの中で「働かない彼ら」フィリピーノを罵倒している状況が見え見えで、いささか自分でも情けなくなってきました。そんな事を思いながら、かくして電気の無い三日目の夜も過ぎたわけです。

翌月曜日は、いつものように午前七時半の「朝礼（flag raising ceremony）」から始まって、ミーティングと進んで仕事が始まりました。オフィスから国旗掲揚塔の前まで歩く間、ホステルの支配人カイ女史（Ms. Cai）と一緒になり、「電気が無くて大変だった？」と聞かれて、「いや、たいしたことないけど、いつ頃まで続くのかな？」と聞いたら、「うーん、一カ月かな！」と、「にこっ」としながら答えが返ってきました。冗談だよな！　と思いながらも、「一カ月も？　それならしばらく日本に帰ってくるよ！」と言ったら、「それもいいかもね！」という返事が来たのです。しかし彼女の言葉が、冗談でないことがしばらくしてわかることになるのです。ミーティングの部屋に移動する間、今度はビックさん（Mr. Bic Kapral）と一緒になり当然台風の話になったのですが、ムニョスより南西の地域がひどく、先週の土曜日の朝はここからわずか十数キロ先のタラベラまで車で行くのに三時間もかかったという話でした。彼はマニラに近いブラカン（Bulacan）県に自宅があり、いつも週末は帰っているが、結局今回は帰れなかったというのでした。どんな状況かと言えば、暴風で多くの電柱や国道わきの大木が倒され、それが広い範囲（Nueva Ecija, Tarlac, Pampanga県など）にわたるため、今のところ復旧にどれくらいの時間を要するのか、見当もつかないようだということでした。このような皆の状況判断からすると、「一カ月掛かる」と言うのもあながちとんでもない話でもなさそうに思えました。その後ミーティングの最後に、所長のクルス博士からの近況なり「最近の話題」の中でも、予想外の被害であるから、しばらくは我慢が必要だという話がありました。

多分一カ月はかからないと思いますが、しかし相当な期間「電気なし」で生活を余儀なくされそうです。そこでもう一度「何故」というところから考えてみようと思ったわけです。台風がこの国を通るのは日本も同様ですが、ここ数年の話ではなく、いわば昔からの話なのです。日本の場合、電気の安定供給なりライフラインの問題については、日進月歩であって簡単に大きなダメージを受けないように改善されてきているし、二十一世紀の今「一カ月の停電」なんて思いもしません。しかし、ここでは平気でそんな話をするし、現実にいつになるかわからない復旧について、「もっと根本的にインフラ整備をしなければ！」等という基本的な話も出てきません。そこがまた何とも不思議でならないのですが、この国の人たちは「そのうち何とかなるでしょう！」という感覚でしか物事をとらえていないように思えるのです。一般の人たちがそうであるからなのかどうかわかりませんが、電気会社からの「復旧の見通し等の情報」も何処からも入ってこないのです。新聞紙上でも、台風被害について「何処で何人死んだ」とか「どの地域が停電している」等という情報はあるものの、原状回復への予想等ということに関しては触れていないのです。いささかせっかちではありますが、日本人から見ると何とも理解出来ないフィリピーノの心情に、感心するというよりも呆れてしまって、何処をどうすればそれだけ呑気に過ごせるのか不思議に思えるのです。「だから何時までも発展途上国なんだよ！」と言ってみても、「何故そんなに急がないといけないの？」と言われたとしたら、「これだよ！」という名答があるわけでもないのです。

その後の我が家はというと、僕がいるからということでもないでしょうが、クルス博士の指示でジェネレーターが据え付けられ、四日目の夕刻からＰＣＣの敷地内のスタッフハウスへは「十八〜二十四時の間」電力が供給されることになったのです。朝は夜明けとともに起きて生活が始まるようで、夜間二時間減ってもいいから「朝も欲しいな」と思いましたが、クルス博士の意向は変わらないのでしょうか？

それにしても「電力・電気」と我々の生活というのは、国・人により「かくも複雑な違い」をもたらすものなのでしょうか？

この国と付き合い始めた頃は、「電気が足りなくても、原発は要らない」という国民の気持ちを素晴らしいと思って、午後の停電に併せて実験も組んでいたのに、今は「何と進歩のない人たちなのか！」と思うようになった「このギャップ」はどうしたことなのでしょう？

フィリピーノにとっては「たかが停電」でも「されど停電」なのです、僕たちにとっては！

六　医者、病院に関する話

☆処方箋が欲しい

僕は現役の頃から医者に掛かることはほとんど無かったのですが、母が高血圧症だったので、体質の遺伝なのか血圧だけはかなり以前から気になっていました。四十代の半ば頃であったと思いますが、冬のある寒い朝のこと、生命保険に加入するため所定の健康診断書が必要で、会社指定のさる内科の開業医を出勤途中で訪ねたことがあります。それ以前にも三十代半ば頃から年一回人間ドックに入っての健康チェックはしていて、何も言われたことはなかったのですが、その日突然「貴方は今までに血圧（下の値）が高いと言われた事がありますか？」と聞かれました。「いいえ、そんな事はありません」と答えたら、医者は「今朝はかなり寒いこともあるしな！」と一人つぶやいて、「異常なしということにしておきましょう！」とその場は済んだのです。

しかし、その時のやりとりが異常に気になり、数日後に総合病院を訪ねて再検査しました。血圧測定・診断の結果は同じでしたが、そこではもう一度「安静時血圧の測定をして、再度チェックしたいから」ということで時間に余裕を持って再度来院するよう要請されました。次週の同じ曜日の午前中に再度チェックのため同病院を訪ね、一時間安静にしていた後の血圧を測定しましたが、結果は同じでした。診察した医師もその原因説明はできず「しばらく様子を見ましょう！」ということで終わりました。その後も毎年の健康診断（人間ドック）で同じように血圧の下の値が高い（九〇～一〇〇）状態は続いていましたが、その都度「時間をかけて調べてもわからないのです！」という自分の説明で済ませていました。特に体の異常があるわけでもなく、普段は気にすることもなく過ごしておりました。

二〇〇九年の春、三重大学に特任教授として赴任し、春の定期検診時に産業医（国立大学法人化後の校医の呼称）の方から「年も年だから、ぼちぼち治療を始めませんか？」と諭されました。「そうですね！」と紹介状を貰い、医学部付属病院に出掛けて血圧降下剤を処方してもらったのが治療の始まりです。僕の母も五十歳過ぎ頃から血圧降下剤を飲み続けて九十歳まで生きましたから等と思いながら、その時から治療というほどの気持ちはありませんでしたが、毎日の投薬と月二回の定期検診が始まったわけです。三重での約束の二年間が終わろうとする頃、担当医だった若い講師の方が異動されることになり、なかなか面白い中堅の循環・生理専門の教授に担当が替わりました。彼はなかなかの人物で、僕の専門が反芻動物の栄養・生理だということがわかってから、短い診察の合間に「反芻動物の蛋白質栄養について」の質問やその説明を求めるなど、時に興味深い話も出来ました。彼の指導で半年間、治療が続いたのですが、彼の説明が一番納得できたように思います。それは、一般に血圧が高いと言うと「一三〇を超えた高い方」を気にしますが、彼が言うには、「上は診察時に測ってたとえ『一八〇以上』であっても、それがずっと続いていることはほとんどないからそれほど心配しなくて良い」というわけです。問題は僕のように「下が高い：九〇以上一〇〇くらい」ということで、それは「何時も心臓に負担がかかっている」という説明をしてくれたのです。それに関して彼はいろいろな血圧降下剤を検討して、最終的に三種類を毎日朝食後に飲むよう処方してくれました。効果の高いものであったようですが、夕食後に飲む代物は「夕食にビールが飲めないから」という僕のわがままで止めてくれました。

二年間の約束で勤めた三重大学を辞して二〇一一年春に松江へ帰りましたが、その時は三重大からの紹介状を持って松江市立病院を訪ね、その後は同じ処方で治療を継続しています。主治医の配慮で、二〇一一年九月にフィリピンに移ってからも半年分ずつ日本で購入してこちらでの投薬を続けてきたわけです。暖かい所は高血圧患者には楽だ、などという話も聞きますが、それとは別に治療を始めた時からの習慣になっている毎朝目覚めた時の血圧測定と、三種類の投薬は続けています。半年毎に帰国することも薬だけのためには決断もできず、最初はマニラの日本人会の診療所を訪ねて同じように処方箋をお願いしていましたが、血管拡張促進効果のある薬はフィリピンでは手に入らないということから、それを止めて様子を見ようということにしました。三カ月間様子を見ましたが、特に異変も感じられないので、一番初めからの二種類の投薬でまたしばらく様子を見ることにしました。その後半年経ち異常もないことから、診療所の医師から「マニラに出ることも大変でしょうから、処方箋は近くの町医者に頼んで、近くの薬局で手配されてはいかがですか？」と言われ、その後は町医者の処方箋で、一カ月毎に薬局で購入しています。*

＊なぜかというと、シニアのサービスを受けるには毎月購入が原則。

さて、少々前置きが長くなりましたが、この項で書きたいと思った事はこれからのことなのです。処方箋の依頼をどの医者にするかというところで、隣のＣＬＳＵにも病院はありますが、今回は友人に紹介してもらい市内の個人病院を訪ねました。事情を話すと、すぐさま日時と薬品名を走り書きした一枚の便箋を手渡され、「これで三カ月分は購入できるから」ということでした。診察も何も無いし、まあそれでもいいかと思いながら、処方手数料はいくらかと尋ねると、「そんなものは要らん」という返事でした。こちらの友人も「そんなもんだよ！」と言うから、「サンキュー！」と言ってその場は辞しましたが、こちらの気持ちとして後日、ＰＣ自慢のアイスクリームを届けておきました。その後も同じ依頼をして薬を飲み続けていますが、二度目からは「これで六カ月分は購入できるから」ということで今も続いてお世話になっています。何処がどう違っているのか同じように見える処方箋で、なぜ三カ月分でなく半年分が一度に購入できるのか、よくわからないところもありますが「とりあえず十分に用は足りている」状況です。移住する前は、貧乏人は「医者にもみてもらわずに死ぬ運命」にあると言うほど医療の不十分さというか、医療にはお金が掛かることを知らされて来た所なのに、今では「この大らかさは何なのか」という思いでいます。

☆ある手術の話

もう一つ病院・医者に関することで、面白い話をここで述べることにします。実は数年前から少し気になっていたのですが、左の肩甲骨の所に小さな皮膚の盛り上がり（脂肪球か腫瘍？）があり、それが近年少しずつ大きくなっている気がしていました。随分昔の話ですが、名古屋大学から香川大学に転任直後、眉間にあった同じような小さな「こぶ」を取り除いたことがありました。その数年前に愛知県の田舎の個人病院で二度ほど同じように除いてもらったのですが、皮下の脂肪球の「袋」を完全に除去出来ていなかったので、再度成長したもののようでした。今回の背中の「こぶ」も同じようなものだと思っていたのですが、「そのうちに」と思っている間に急に大きくなり、仰向けに寝ると気になるほどでした。こちらの医療を信用していないわけではありませんが、「体にメスを入れる」のは出来れば日本に帰ってからと思っていたのですが、どうも急を要する状況のように思えてきたのです。前回の処方箋の場合と同じく友人に尋ねたところ、先に処方箋を依頼した彼も外科の医者ではありますが、出来れば総合病院の方が良いだろうと勧めるので、彼の長女が勤めていたという旧県都のカバナトゥワンの総合病院に出掛けました。その病院は県内では有名な総合病院で、この地域では珍しく諸々が完備された所でした。ただこの国では、医者個人はその病院だけでなく、他の地域（例えば隣の町）の病院・診療所での仕事もかけ持ちらしく、受付後はとりあえず彼の部屋の前でひたすら本人の到着を待つ以外ないというのです。だから「予約」も「順番」も何の威力もなく、何時終わるのかも時間の予定さえ立たない状況なのです。僕の場合、当日の朝九時には到着して受付を済ませたものの、診察の順番が来たのは正午前でした。診察の結果、今日中に除去したければ午後で、「一時三十分から二階の手術室で」という話になり、まずは食事を済ませてからということになりました。あいにく大雨の日で、とりあえず近くのショッピングセンターの食堂街に出向いて軽い昼食を終えた後、手術室の前で自分の名前が呼ばれるのを待ったわけです。大体予定の時間に準備・手術は終わり、大きなウズラの卵大の腫瘍が取り出され、悪性でないかどうかを見るという医者の指示で検査室に送られました。手術中は局部麻酔ですから「痛みを感じたら伝える！」という指示で始まり、ベッドにうつ伏せの状態で時に医者と世間話をしながらのことであり、わずか三十分ばかりで終わりました。その後の傷の治りを心配しましたが、皮膚の切断長の割には縫合箇所が少なく、一週間後には半数箇所の糸が除去出来ました。二週間後には「糸抜きだけで往復二時間は無駄だから、自宅近くの医院を訪ねて抜糸をお願いしたら」と言われ、その医院には行かなくなりました。バイオプシーの検査結果も「悪性の腫瘍ではない」という判定で、とりあえずは安心しました。

その一週間後、医者の指示により隣町の公立病院でと思いましたが、知り合いの看護師と連絡がつかず、ＣＬＳＵの病院で抜糸してもらいました。突然の事でしたが、事情を話したらすぐに処置室に通され、どこの医院で誰が執刀医かなど話しながら無事に抜糸は終わりました。処置料はいくらかと尋ねましたが、それは必要ないということで、この時も医者・看護師の処遇はどうなっているのかと不思議に思えました。この時も最初に医師に処方箋を書いてもらった時と同じく、後日ＰＣＣのアイスクリームを届けてお礼としました。そのうちこのような事に関しての事情を誰かに尋ねたいと思うのですが、自分が手術をした事などにも触れることになるため、あまり言いたくもない話なので、未だに説明を聞いておりません。

七　日常生活の中で ㈡

☆キリギリスの「死ねない国」

日本では子どもの頃から「真面目に！」又は「勤勉であれ！」という教えに、「二宮尊徳（二宮金次郎）の話」やイソップ寓話の一つにある『アリとキリギリス』の話がよく出てきますが、それはどうも寒い冬のある国での話のようです。

僕たちが進めているヤギプロジェクトの対象農家（レシピエント）の、やる気の問題を論じている時にわかってきた、この国の現実でもあります。先に「家の造り・構造」の話をしましたが、それとよく似たお話で、寒い冬（死ぬほど寒い）が無いということと深い関係にあると思われます。暑い夏でもアリは一生懸命働いて冬に備えますが、キリギリスは「歌い・遊び呆けて」夏を過ごしてしまうから、冬には「死ぬしかない」という話で、だから冬を無事に過ごすために「アリのように暑い夏も真剣に働きなさい」という教えです。僕は一九八六年の夏に初めてこの国の農村地帯の貧困の実態を見て、どうにか少しでもそれを援助することはできないだろうか、と自分の出来る努力をしてきたように思っています。研究者として研究に一生懸命になり、この国の若い人たちとの共同研究から、一定の成果を得て退職後は自信を持ってこちらに住み始めたつもりでいたのです。彼らの日常を見ていると、その日の米を手に入れるのに四苦八苦するというのに、「どうしてもっと一生懸命にならないのだ！」というもどかしさがそこここにあります！　しかし、ここに住んで五年が過ぎて「キリギリスの死ねない国」が理解できるようになってきたのです。

五人が一度にスタートしたヤギプロジェクトの二年後を見ても「キリギリスの死ねない国」と実感します。既に五、六頭も持っている人もいれば、一方で未だに一、二頭しかおらず四苦八苦しながら初期の返済も済んでいない人がいるのです。勿論、不幸にして最初も二番目も親ヤギが死んだというような人もいますが、詳しく考察してみるとレシピエント個々の「同じ援助を受けても、アリとキリギリスの違い」がある事がわかってきました。日本人にしてみると「真面目に働いていても、なかなか生活が楽にならない」場合、「ちょっとした援助」で生活が上向いてくるというのが大半であるように思えます。すなわち間違いなくそうした人たちは「アリ」であるというのが一般的なのです。もちろん日本人でも「どうしようもない大馬鹿者や怠け者」はいますが、しかし現在のような「社会保障」の充実する以前では、そのような連中は大半が「冬を越せなかった」のでしょう。だからそのような譬え話も非常に現実味があり、また説得力もあるわけですが、フィリピンではそのような「アリ」の貧乏人は非常に少ないというのが実感です。今までの経験から、最近はヤギプロジェクトのメンバーの中でも「貧乏になるべくしてなった貧乏人」、つまり援助のしようのない貧乏人を「区別できる」ようになり、無駄な努力は少なくなってきました。欲のない人間というか、向上心のない人間にとって「常夏の国」というのはある意味過ごし易い所なのでしょう！　しかし一方で、国民性としては「非常に嫉妬深く」また人前で恥をかかされると「刃傷沙汰になる」という変にプライドの高い民族のようで、そういう意味では「始末の悪い人たち」のようにも思えます。一生懸命、真面目に働く隣人の生活が豊かになると、自分のことは棚に上げて「嫉妬する」というのですから全く始末に負えない話です。

このような事が次第にわかってきた最近では、信じられない程の貧困の中から一匹でも多く「アリ気質の貧乏人」を見つけ出して、支援していこうと試行錯誤を繰り返しているところなのです。

☆「節操」が無い

前にも「規律」云々でこの国の人たちの、日本人とは大いに違う日々の生活の中での様子や

「面白さ」について述べましたが、ここではそれとも少し違う「実に身勝手な行動」の一部について述べることにします。

ある朝、いつものようにオフィスに向かって歩いていると、新しく完成した「屋根付きの運動場（イベント時には『パビリオン』とも呼ぶ場所）」が駐車場のようになっているのに気づきました。「一瞬驚いて目を疑う」という感じでしたが、まあここはフィリピンか！　と変に納得してしまいました。

乾季になって晴天が続き、半日でも炎天下に車を置くと熱くなって大変ですし、車のためにも良くないのはわかります。それぞれに工夫して大きな木の下や建物の陰などを探して駐車しているようでしたが、いよいよここまで来たか！　と思いました。それにしても誰かが最初に止めて、それを見て「俺も・私も」と真似し、最終的に多くの人が、という状況になったのでしょうが、あまりの「節操の無さ」に少々呆れてしまいました。ちょっと不便ではありますが、少し遠回りをすれば半地下の駐車場があり、皆が問題なく利用できるはずなのです。そこまで移動するよりもメインの建物前の便利なところにある「屋根付き運動場」に止めてしまうのを見て、実に情けない思いがしました。それまでも工事中の頃から、外働きの人々があいているスペースにモーターバイクを駐車していることはよくありましたが、プライドを持って働いているはずのスタッフたちがそこに車を入れるとは思いもしませんでした。学校から帰ってきた子どもたちが、ボールを持ってバレーボールやバスケットをするために来たら、どう説明するのだろう？　とも思いました。いくら「この国では何でもあり」だと理解していても、「そこまでやるか？」という思いでした。これでは子どもたちを叱れないし、物事の「善し悪し」を説明できないだろうと思います。「あなた方は日頃から言っている『天下のＰＣＣの職員』ではないのですか？」と言ってやりたい気持ちになりました。

☆国家警察は信用できるのか？

少し前の話ですが、マニラ首都圏のある市内で、旅行代理店の代表であった日本人男性が、夜九時過ぎに車で帰宅途中、オートバイの二人組に襲われて射殺されるという事件がありました。先にもこの国では警察官があまり信用されていないということを述べましたが、この事件の新聞報道の中で、被害者の奥さん（フィリピーノ）が警官らとのやり取りを通じて述べた心情を読んで唖然としました。その話というのが、「フィリピンでは、きちんとしたコネとお金がないと捜査が進まない。フィリピンに住もうとする日本人の方々には、出来るだけやめるようにアドバイスしたい。『正義がきちんと実現される国』に住んだほうが良い。私たちも事件が解決したら海外へ移住しようと思っている」というものでした。こちらで生まれ育った人間が、自分の国のことをこのように言わなければならないというのも悲しいと言えます。日常的に彼らはこの国を「法治国家・民主主義国家」だと言いますが、「法が誰を守っているのか？」という疑問が依然として残ります。

☆フィリピーノの「本音」は？

僕たちが気がかりな事を確かめると、笑顔で「OK, OK, no problem!」とこちらを安心させ、その場をやり過ごす彼らの「本当の気持ち」を知りたいと思うことが時々あります。先にも触れたと思いますが、長年の植民地時代の名残なのか民族の特徴なのか迷うところですが、誰かが何かを聞いたり頼んだりした時、この国の人たちは「出来ない！」とか「知らない！」と言うことはほとんどありません。たぶん両者があいまって、のん気な国民性なのでしょうが、妙に人懐こく相手を安心させるような態度なのが一般的です。何回同じ状況に出会って「失望」しても、我々日本人は同じように何度も「ただただ騙される」のですが。

ヤギプロジェクトで月に一回のレシピエント（飼育農家）巡回時に「いつも感じること」が、「何かがあった時もっと早く連絡を！」というこちらの気持ちを理解してくれていないことです。ある日の話です。昼食後「対象の農家」に着くと実際に飼育を担当している長男が友人と庭先に墓を掘っていて、聞くと「今朝、母ヤギは死んだ」と言うのです。理由を聞くと数日前から「下痢」をしていたということでしたが、生後二カ月の雌の双子は元気にその周りで遊んでいました。「どうしてもっと早く知らせてくれないの！」と尋ねましたが、主人の話ではないから要領を得ません。とりあえず雌の双子の仔ヤギは少なくとも、あと一カ月はミルクが必要だから飲ませるように指示して帰りました。そこの主人はＰＣＣの牧場（通称 gene pool）で働いているから、夕方の搾乳後、水牛乳を持って帰宅すれば大丈夫だろうと思っていました。しかし、その一週間後に今度は「二匹とも死んだ！」という連絡が来ました。先の巡回時からその間、人づてに「ミルクは与えている」と聞いていましたが、その真偽も明らかではないのです。問い質して「実はお金が無かったから与えていなかった！」という返事があっても「やはりそうか！」で終わるしかない話なのです。先方にヤギを貸し出す時、「六カ月齢の雌仔ヤギ一頭」をこちらに返すまでは、プロジェクト側のヤギだから「必要な経費はこちらで負担する」と言ってあるにもかかわらず、全てが無くなるまで手を打とうとしないわけです。最初に本人の意思を確かめて「ヤギが欲しい、是非飼いたい！」というところから始めたのに「どうしてもっと大事に考えないのか？」と気になり、「彼らの気持ちの奥底・本当のところ」はどうなのか理解できないでいるのです。彼らが飼育した四〜五カ月間の労働もさることながら、数千ペソを捨てたことになるのですが、それを本当に「惜しいと思わない」のでしょうか？とても僕たちには理解できないのです。最近は好まれなくなりましたが、「一生懸命」という言葉で表現されていた「物事に対する熱心さ」が見えてこない、もどかしさだけが残るのです。

「やる気の無い奴は放っておけ！」ということにすれば簡単なのですが、しかしこちらではそういう人たちのほうが圧倒的に多いので、どうにかすべく四苦八苦しなければ、ヤギプロジェクトの進展は望めない状況なのです。

単純に「ヤギのレンタル」による支援で、いくらかでも「貧困を軽減できれば」と思って始めたヤギプロジェクトも「ヤギ飼育の難しさ」とともに「人の気持ちを読む難しさ」が加わって、さらに深みにはまってしまった気もする昨今です。

☆フィリピーノの「本音」再考！

僕たちが「ヤギプロジェクト」を始めてから四年が経ったある時、ＰＣＣのクルス博士にフィリピン人のものの考え方について聞いてみたことがあります。（後にＰＣＣの新所長のアーネル博士〈Dr. Arnel del Barrio〉も同じことを言ったのですが）フィリピーノはその思考様相から三つのタイプに分けられるという話でした。僕も同じように「やる気の違い」から三つのタイプがあるようだとは感じていたのですが、その説明を聞いてみると中身は自分の思っていたのと随分かけ離れていました。それは一番やる気がないと思っていた人たちは育った環境から、自分がヤギを持つことによって「生活がいくらかでも向上する！」等ということを実感できない、というか「想像も出来ない」のだと言うのです。簡単に言うと「夢も希望も持たない人たち」だというわけです。さらに簡単に言うと「一日三食」をどうにか食べられると、それで満足、それ以上のことは考えたことも無いし、考えられないのだというわけです。だからこの人たちにいくら「それ以上のことを勧めても」決してそれ以上のことはしない（出来ない）わけで、無駄なことだと言うのです。そして、この階層が実に貧困層全体の八割以上を占めているのだそうで、この国の貧困問題を考える時の「最大のネック」なのだというわけです。

その次に位置する人たちは、かなりしつこく手取り足取りして何かを勧めると何とか一定の所までは努力する可能性はあるようです。そしてほんの数パーセントが「ちょっと手助けがあれば」自分の生活の向上を目指して頑張る人たち、なのだそうです。

☆「フィリピーノが一番に怒る時」とは？

フィリピン共和国のガイドブックでも目にしますが、フィリピーノが何かの拍子でもっとも「怒る」のは「人前で侮辱された時」だというのはよく知られた話だと思います。こちらに住むようになって新聞などでも「些細な子どもの喧嘩から、母親同士の喧嘩になり、殺人事件になってしまった」などという記事を見たこともあります。

人は誰しも「人前で他人に侮辱されること」は恥ずかしいことですし、理由は何であれ、その相手を殺してやりたいと思うほど腹立たしい思いをすることはあるでしょう。しかし「恥ずかしい！」と考えると、他人からそれ程までに言われるということは「それなりの原因がある」わけで、じっくり考えれば自分に「反省すべき所」があるのは自分でわかるはずです。心を落ち着けて反省すれば、恥ずべき事はもっと他のところにあるように思えますが、どうでしょうか？　そこら辺のところが、フィリピーノと日本人とは根本的に違うように感じます。

僕自身、心から「恥ずかしい」と思う事（時）は他人にどうこう言われた時ではなく、他人から「施しを受けなければならない状況になった時」、いわゆる「物乞いをする状況になった時」ではないかと思います。子どもの頃のことを考えてみても、みんなの前で怒られることも恥ずかしかったけれど、それよりも人に思いもよらぬ迷惑をかけた時の方が、元には戻せずどこかに逃げてしまいたいほど恥ずかしく思ったし、今もその気持ちは変わっていないように思います。例えば、僕が子どもの頃「生活保護を受けること」は実に恥ずかしいことのように思って見てきたし、子ども心に感じた両親の考えもそうでした。実際のところは時期が来て自立できるようになったら（例えば世帯主の病気の快気など）その状況から抜け出すことができるわけで、生活保護はその間の一時的な支援であるわけです。しかし、最近では日本人の感覚も変化したようで、「生活保護を受ける」ことは社会保障の一端であって、恥ずかしいことだと思う人は少なくなったように思えます。そういう意味では日本人の感覚もグローバルになってきたと言うべきなのか、生きるということにおける「恥ずかしさ」の感覚も変わってきたのかもしれません。

ところがフィリピンでは、日本人の僕が恥ずかしくてとても出来ないと思う「借金」を、知り合った翌日からでも頼んでくるし、「物乞い」も平気なのです。日本には「武士は食わねど高楊枝」という言葉があるように、「誇り高くあれ！」という教えもあって、僕たちの世代は「物乞い」などという「さもしい振る舞い」は最も恥ずべきことだと教えられてきました。だから初めの頃は彼らの行動が理解できず、クリスマスの時期になると子どもたちが毎夜「お菓子やお金をくれ」と言って訪ねてくるのも不思議でした。「こんなことが恥ずかしくないのか？」と思うけれど、ここでは普通の事か！　と思うしかないようです。大人たちに聞いても「その時期は特別！」などという人もいて、それほど気にするでもなさそうな返事が返ってくるのです。

☆「No!」を言わない民族

フィリピーノは決して「No!と言わない」という事を隣のジュビーが教えてくれました。

話の発端は、守衛室に勤めている「ある人物」との会話で、彼にお金を貸してくれと言われましたが、「No、貸せないよ！」と私が断った時の事です。ジュビーが「日本人はNoと言うの？」と聞いてきたので、「出来ない時・したくない時は当然でしょ！」と言ったら、「私たちは決してNoと言わないわ！」と言ったのです。だから、同僚や顔見知りから「お金を貸して！」と言われれば、「自分に出来るだけのことをしてやる」というわけなのです。

昔は日本人も「Noと言えない民族」だと言われていましたが、フィリピーノが「Noと言わない」と言われて驚きました。自分がここに住むまでは、「Noと言わない人たち」だなと感じたことはありません。「生活の程度・階級の違いなど」によるのかな？　とも思えるのですが、言われてみれば「そうかもしれないな」という思いはあります。前にも書いたと思いますが、車に乗っていて道を聞くと、「知らない・わからない」とは言わずに、いずれかの方向を教えてくれます。後でそれをたどって「あの人いい加減な事を言ったな！」等と思うことは度々でも、決して「知らない」と言われたことはありません。以前は、長い植民地支配の歴史のせいか、領主国民に対するある種の「敬意」と「相手にしてほしい」という感情から、相手に目をそらさせないための「小ざかしい」所作かと思っていましたが、本当のところは少し違っていたのかもしれません。今ではお互いに助け合って生活していくための「一種の優しさ」かもしれないという気がします。

☆「カボチャ」に負けた話！

我が家で「カボチャ」といえば特別な食べ物、「不機嫌が一気に直る」くらいの代物で、二人とも「魔法にかかった」ようになる程の貴重な「物体」なのです。

そのきっかけはPCCの研究農場に勤務する、レシピエントになりたいと希望していた人物に、ヤギを届ける前のことです。ある日の夕方、彼が仕事の帰り道に我が家に立ち寄り、「カボチャを食べるか？」と私に聞いたので、即座に「二人共大好きで、喜んで食べるわ！」と返答しました。早速、翌日の夕方に届いたのですが、それは昔日本でよく見た「鶴首」タイプの立派なもので、実においしいカボチャでした。二人とも感激し「我が家にカボチャ」とは実にすばらしい贈り物だね！と話しました。その時点でヤギのレシピエントは十数人になっていましたが、別のある人がインディアンマンゴー（薄く切って塩を振ると酒の肴に良い）をくれたくらいで、「物をくれる」などというのは彼が初めてでした。「我が家にカボチャか！」「凄いなー」と言って感心して二人とも彼を即座に信用してしまいました。彼は土地は持っていないけれど、PCCに勤めているから、帰りに「道端の草」を刈って持ち帰ればヤギくらい飼えると思い、資金援助もしてヤギ小屋も作り、最初から二頭のヤギを貸付してスタートしました。

その後、奥さんが八人目の子どもを出産したのですが、病院への支払いが出来ないのでお金を貸してほしい、と私の携帯に電話が入りました。「毒を喰らわば皿まで」という心境で、早いほど良いわけですから「有無を言わず」現金まで貸してあげました。さらに産後の奥さんを気遣って、しばらくの間は「米」も準備して（勿論これも貸与です）届けました。しかし、数週間して「どうもあそこの親父は働いていないらしいぞ」という噂を聞いたので、確かめてみると「食べ物もあるし」と、毎日ギャンブルに明け暮れている事が判明したのです。怒りの収まらない私は、隣のジュビーを交えて話し合い、厳重に注意した結果しばらくは平穏に過ぎ、最初のヤギの分娩も無事終わるところまでは来ました。その後も、しばらくは問題なく過ぎましたが、半年くらい経ってから、どうも勤務状況が悪かったらしく彼は結局ＰＣＣをクビになってしまいました。何度も同じことの繰り返しで、今回ばかりは所長が代わったことも重なって、情状酌量の余地無しということで彼は職を失ってしまったわけです。「こんなにどうしようもない人だったの」と腹を立ててみても、しょせんは自分で納得してやってあげたことで、後悔はしても人に話せる話でもありません！「あの時のカボチャに騙されなければなあ！」というのが今の二人の「反省の弁」なのです。

☆スーパーマーケットの「カート」の話！

毎年行われるPCCの「Team building（一泊の研修会）」を終えた帰り道に、あるスーパーマーケットで買い物をした時のことです。

二人でちょっとした食料品と野菜を買って支払いを終えた時の事、若い男の店員がいつものように紙袋に入れてくれていると、「外の車までこのカートを使って良いですよ！」と言ってくれたのです。普段も大きなショッピングモールで買い物をした時は入り口までそれで運ぶので、そのつもりではありました。しかしその日はそれほど沢山買っていなかったので、「いや、その小さいのでいいよ！」と言ったら、「それは駄目です！」と言うのです。「どうして？」と問い直すと、「その小さいのは無くなるから！」と言うのです。「この大きいのは容易に人が持っていかないけれど、小さい方は人が車に積んで持っていく」と言うのです。だから、この大きい方を使ってくださいというわけです。カゴ二つを載せる小さなカートはモールの出口のところや駐車場で片付ける前に無くなることがよくあるからというわけでした。

冗談かな？　と思いましたが、店員が真剣に言うので、「そうなの！」と笑いながら納得して、「それならこれを借りていくよ！」と言って大きなカートに小さな紙袋三個を載せてその場を離れました。モールの出口の待ち合わせ場所に着いて、一緒に行った同僚たちにその事を話しましたが、彼らも半信半疑の様子でした。

この国に住んでみて、ものが無くなる、道端に繋いでおいたヤギが盗まれた！　などという話もよく聞きますが、「こんな物まで無くなるのか！」と呆れてしまいました。まったく油断もスキも無い国だねと言いながら笑って、二人とも納得したものです。

☆郵便物の話

ネットで見た記事に、中国へ郵便物を送ると、途中で中身が一キログラムくらい減るのは一般的だという話がありました。これも実に興味深いというか、中国らしいというか、なんともいえない悲しい話でありますが、ここで今から述べようとしている話はもっと悲しくなるものです。

過日、ＰＣＣの若いスタッフで、日本に留学したいという女性が、さる大学に書類を特別便（ＬＢＣ）で送ったところ、封筒が開けられ「中身が消えていた」というのです。前もって連絡してありましたが、締め切り日に受け取った教授から「中身が無い！」という電話を僕が受けたのです。僕としても生まれて初めてのことで、気が動転したというよりも「呆れて笑って」しまいました。どうも封筒が故意に開けられ、中身が抜かれているというものであり、

「空封筒を配達する」というのも信じられませんし「何処でなくなったか？」も調べればわかるはずです。すぐ送った本人に連絡し、隣町にあるＬＢＣの事務所に連絡させましたが、ある日本人の名前を言って、彼が受け取った時には「どういう状態であった？」などと逆に聞いたようでした。しかし、それ以上「探して！」、「仕事を全うしていないのだから料金を返還しろ！」などというところまで、本人は怒ってもいない様子でした。そんな状況で、その次の週には二週間の研修だと言って出かけてしまいました。徹底して怒ることもなく、状況を聞いて終わっているという彼女の気持ちも到底、僕には理解できないことでした。しかしこの国ではそれ以上どうしようもない事なのかもしれません。

中国の話とは別に、フィリピンでも郵便物の安全はまったく保障されておらず、監視カメラがあっても中身がなくなる、あるいは郵便物そのものが消えるのは「日常茶飯事」だと言います。先にも述べましたが、腑に落ちない事があっても「警察が信用できない」状況であるから、訴えていくところが無いのが実情でしょう。どこか間違っているのですが、問題が多くしかも複雑で、「どこ」を「いかにして正せばよいのか」見当もつかないのがこの国の現状なのです。

☆教育は誰のために！

フィリピンに住んでいると「金持ちはより金持ちに、貧乏人はより貧乏に」なるように世の中が動いているような気がします。ルソン州立大学（CLSU）のスタッフハウジングの家賃は、月に一〇〇ペソ（一ペソは約二円）足らずです。「無料ではないですよ！」というのが建前で、彼らは、そのほか電気・水道料金にも手厚い補助があるのです。そういう恵まれていることが彼らの「一種のステータス」、特権階級意識の源になっているようにも感じますが、実はもっと「すばらしい事がある」ということを少し述べたいと思います。

初めてこの国に来た時から、僕が関わる人たちはフィリピン大学ロスバニョス校の人たちか農務省関係の研究者で、たいていの人はフィリピン大学（UPLB）の卒業生でした。拠点がCLSUになっても、関係者はUPLBの出身者かUPLBの修士・博士課程修了者が多いように思っていました。食後の雑談などで子どもの話がでると、多くがUPLBあるいはCLSUで就学中などであるようにも認識していました。その頃は「皆、子弟も優秀なのだな！」くらいに感じていて、そこに特殊な事情があるなどとは想像もしませんでした（多分ここで述べても問題ないと思われます）。そこには「聞いて驚くな」と言うほどの「妙・うまい話」があるわけで、本当のところ初めて聞いた時は驚き、「聞き直した」ほどでした。それは両親・もしくはどちらかがUPLBの教員（職員）だと、その子弟の授業料は無料だというのです（CLSUも同様です）。優遇されていると聞いた時には、実際優先的に入学させても「親が確かだと子どももいい加減なことはしないだろうし、信頼できるから預かる方も楽だろうな！」くらいには思っていました。がしかし、授業料不要（建前上一ドルを納める）ということには呆れてしまいました。世の人々はどのように思っているのか不思議でなりません！　まあ、日々貧困に喘いでいる一般人の多くは、その子どもたちも大学教育を受ける事などはほとんどないわけで、「こんな差別があってよいものか！」といつも腹立たしく思っています。それでもこの国は「民主国家」であり、「法治国家」なのでしょうか？

☆電話の不調の改善を依頼する

この国で生活していると、いつも不満を抱えているように思われるかもしれません。水道・電気などの「ライフライン」が脆弱なことはすでに何度か述べてきましたが、ここでもまた似たような話です。

週末になるとネットのつながりが悪く、「今日はどうも調子が悪いから明日の朝早く起きてメールを送ろう」と言って夕食後にPCをオフにしました。翌朝、いつもはすんなりとネットが使えるのに、「今朝も駄目だ！」という状況で、「ひょっとして電話が繋がっていないのでは？」と思い受話器を上げると案の定「ツーという反応」がありません。「どうしてなの？」と電話会社（ＰＬＤＴ）に連絡することになったわけです。「そういえば、昨日の午後どこかの車が停まっていて、二、三人で家の前の電柱に取り付けた『ボックス』を点検していたな！」と言って、連絡事項は確認しました。しかしその係の連絡先の電話番号がわからず、土曜日だということもあって、最終的には不調に終わり「月曜日に」ということにして週末はネットも使えずじまいでした。ここはＰＣＣのホステル（関係者向けのホテル）の管轄なので、月曜日にそちらから連絡してもらおうと、しかるべきところに連絡しました。もちろん電話の名義も僕ではなく「ＰＣＣのある人物の名前」ですから、その彼に連絡を頼みました。しかし、昼になっても何の連絡もないので聞いてみると「電話帳に該当する係がないから連絡していない」ということでした。昼過ぎでしたが、料金請求書から辿って、ようやく連絡がつきました。しかし一～二日はかかるという話で、最終的に翌日の昼食時に二人が訪ねてきて点検してくれました。「こんな些細な事で三日も四日も電話がストップするのか？」などとセンターのスタッフとも話していましたが、原因はテレビ局の人間が同じ経路にある回線の点検中に「そのボックス内」のスイッチにでもちょっとしたミスで触ったのであろう、ということでした。前週末にそのボックスを開けてみていた人たちがテレビ局の人間だったとは思いもよらず、「今度は使えなかった五日分を差し引いて料金を払おう！」などと息巻いていた気持ちもしぼんでしまいました。後で聞くと、向かい側の何軒かでは一週間くらい前にテレビの調子が悪くなり、点検を依頼したのだという話でした。そうか、その際にこちらの電話がトラブったのか！　ということで一件落着となったわけです。それにしてもちょくちょくあちこち調子が悪くなって、その度に回復には予想外の時間がかかり、不満・ストレスがたまる生活から、いつも早く抜け出せないかと思うのです。しかし最後は「ここはフィリピンよ！」と言う和美の一言で納得して終わってしまいます。

☆約束事を「守る人」は何処に？

前にも触れましたが、よくよくこの国の人たちは「自分中心に行動する国民」だと思います。ＰＣＣの運営する乳製品販売店・カフェ「ミルカクレム」があることは書きましたが、この店はセンターの敷地内にあり国道（マハリカハイウェイ）沿いにあるので通行する車からも目につく場所にあります。ほとんどの客は車で入ってくるのですが、その行いが目につくのです。

そのカフェには、国道の向かい側に十分な広さの駐車場が確保されています。車で来たほとんどの人が「入口までの十数歩を歩きたくないので」店の入口側に駐車するわけです。注意の立て看板がないと「入口のその前に」駐車してある場合さえあります。店員も同じ「フィリピーノ」だから、あまり気にならないのかもしれませんが、僕たちは店内でコーヒーを飲みながら、いつも呆れて見ています。開店してからずっとその状況を見ていますが、駐車指定場所に車が停まっているのをあまり見たことがありません。

店側の気持ちとしては、ガラス張りの店の前に駐車されると、向かいのハイウェイから店の様子が見えにくいから、「駐車はその向かい側にしてください」というサインなのに、まったく無視されていて、情けない話です。

このように、この国では「約束事」は守られることが少ないわけで、交通ルールも同様に、全て自己中心に物事が進むわけですから、スムーズに行くことは少ないわけです。一言で言えば「民度の低さ」の象徴なのでしょうが、それにしてもどこから手をつけたら「一歩でも前に進む」のだろうかと思う事しきりです。いつもと同じ「衣食足りて……」というところなのでしょうか？

しかし話の「オチ」の如く、和美が最後に言ったのが「所長のクルス博士さえもいつもそこに停めているでしょう？」であり、もはやそれ以上言うことはありません！　しょせん「ここはフィリピン」なのですから！

☆自己責任

家の前をバイクが走ります。それだけなら驚きませんが、ガードマンが傘をさしながらバイクに乗っているので、思わず笑ってしまいました。次の日は携帯電話を見ながら走っています。見ている私のほうがハラハラです。バイクにはたいてい二〜三人、中には家族四人で乗っていることもあります。二人で「ここに買われてきたバイクは気の毒だね、すぐに壊れちゃうわ」と話しました。

ある夕方、散歩をしていると、ちょっとおかしな運転をする車に遭遇しました。危険なので離れたところで見ていると、十四歳の若者が無免許で運転しているではありませんか！　二人で「両親に知らせなくては」と話していると、なんと事務所にいる母親を迎えに来ていたのです。両親公認の無免許運転、しかも父親は教育者ということもあり、私たちは言葉を失ったのでした。

またある時、PCC内をバイクで走るにはヘルメットを着用することが義務となりました。すると、ある日（PCCに入る少し手前にある）私たちの家の前で、勢いよく走ってきたバイクが突然止まりました。運転手は持っていたヘルメットを装着して、再び走り始めました。ガードマンの前でだけヘルメットをかぶるのです。それどころか、かぶりもせずにバイクに乗せているだけの人もいます。法律や規則は破るためにあるのでしょうか。

☆お金は「取れる所」から取る

定年退職後にこの国に住んで、どういう事をしていこうかと考えた時、「ヤギプロジェクト」が主体であるものの、クルス博士の勧めやPCCにオフィスがあることもあり、もう一つサイレージ調製を普及したいと思いました。従って、日本を発つ時に持ち運び可能な「フォレイジカッター」を二台、PCCに寄贈するため船便で送りました。それらは以前にPCCのUPLBで共同研究をした時に進呈したものと同様のものでした。荷受人は当時の所長クルス博士にしており、必要な書類を提出してPCCマニラ事務所のロヘル氏が通関後、保管のための倉庫使用料と税金を支払って受け取り、本所まで送ってくれていました。

その時とほぼ同時にCLSUのSRCへも同じものを一台共同研究のために進呈しました。この時は教え子のエドガー君宛に送りましたが、彼が副所長であったことから、予想もつかない書類の提出や言うなれば「無理難題」を吹っかけられ、到着後一年を超えるか？　という時期まで引き取りを延ばされました。僕たちの日本出発とほぼ同時期に発送され、九月の下旬にはこちらに到着したものと思われます。エドガー君から十月中頃「来週受け取りに行くから」

という連絡を受け、無事届くものと思って安心しておりました。その後、「先週要求された最後の書類を提出したから、多分そのうち手に入ると思います」という連絡をその年の暮れ頃にエドガー君から受けて、間違いなくSRCに届いたものだと思っていました。その途中経過で、理由はよくわかりませんが、「宛先が学長かSRC所長であったら良かったのでしょうが！」ということを彼から聞きましたから、「書類はいつでも作り直せるよ！」と言ったことはありましたが、結局はそのままでした。

その後この件については、エドガー君からも何も言わないので、自分では間違いなく彼が受け取ったものと思っていました。翌二〇一二年の夏頃、ヤギプロジェクトの件で、適当なヤギはいないかと相談のため、クルス博士を訪ねたことがありました。その折、ふと彼が「先生、例のカッターはどうなったのですか？」と聞いてきた時、改めて「未だ届いてないのか？」と聞き返し、エドガー君があれこれ言っていた経緯を思い出しました。その時はあまり詳しい話はせず、「どうなっているか確かめてみるよ」と言って別れましたが、僕が非常に焦っていたのは事実です。下手するともう「到着して一年近く経つ」から、税関の手を離れて「どこかのオークションにでもかけられた後では！」という思いがありました。その翌日PCCマニラ事務所のロヘル氏に、何か情報を得ていないか尋ねると、エドガー君から「何とかしてくれ！」と頼まれて、そのまま書類を預かっているということでした。彼が言うには「書類をPCC宛に書き直してもらわないと、なんともならない」ということでした。しかし僕としては、実際にまだそのカッターが「税関の管轄下にあるかどうか」が気になって、それを確かめてくれるよう再度ロヘル氏に依頼しました。このような状況になると、フィリピンでは所長が対応しないと埒が明かないようで、彼が直接、所長のクルス博士に相談し、また数日後に僕の部屋まで確認に来ました。クルス博士が「エドガー君に話したか？」と聞くので、僕としては自分から今更話したくもないと思い「手続きが完了したら話そうと思っているよ」と返事をしました。クルス博士が調べたところでは、そのカッターはある会社の倉庫にそのまま保管されているが、倉庫料が既に一年近く経って、相当な額（多分機械本体価格の三倍くらい）になっているとのことでした。「代金は自分が払うから、もう一度最初からＰＣＣに寄贈するという手続きをしたい」と思い、改めてＰＣＣが受け取り、その後ＰＣＣからＣＬＳＵ（学長宛に）に寄贈するかたちにしようということにしました。しかし、彼は「もう君のポケットマネーを出すことはない、これはフィリピン国内の問題だから、『ＰＣＣ、税関及びＣＬＳＵ間の問題』として解決したい」と言ってくれました。

僕からすれば、なぜエドガー君は「先生、何とかして下さい！」という相談をしてくれなかったのか？という思いで、非常に残念でした。「そうか！　彼もフィリピーノなのか！」という気もしましたし、そこで投げたら「先生がお金を捨てたことになる！」というふうに思えなかったのかな？と改めて思い直してもみました。

その後一カ月くらい経過して現物が届きました。クルス博士とＳＲＣの所長を訪ねてその旨を伝え、折を見てCLSUの学長室で、贈呈式をしようということを約束して、ようやく一件落着となりました。それにしても、見なくても良いものを見た感じがして、いろいろと考えさせられた出来事でしたが、最後にはその間のお金の動きについて、国（PCC）から国（税関）へのお金の移動だから気にしなくても良いか！　と思って自分を納得させました。

この件のように、この国では取れるところからはできるだけ「お金を取る」ということが常態化しているようで、ここでいう税関での手続きの期間を延ばせばそれだけ民間企業（貿易業者）の倉庫使用料は増額するので、「官が民を助けること」になるわけです。そこではいくらかのお金の動き（業者から税関職員に）があるのは公然の秘密で、本来ならその延長された「倉庫料」は贈り主の僕が払うべきものであるはずだから、税関にしたら「かなりのお金を稼いだ」ということになっていたのでしょう。さらに到着後一年が経てば、競売によってその物件は売却され、彼らの収入になったはずなのです。

☆メイドさんと時計の話

僕の母がよく言っていたように、日本では小学校入学前に大抵の子どもは時計が読める（わかる）のが普通のようで、そうでないと「ちょっと遅れている」と思われていたようです。だから僕も物心ついた頃から、母と一緒に野良仕事に行って遊んでいると「いま何時か時計を見てきて！」と言われて、初めの頃は家に戻って柱時計の「長い針がどこで、短い針がどこにある」と覚えて伝えたような気がします（最近のようにデジタルだと数字で言えて楽なのでしょうが！）。

いまどきの日本人からすれば笑い話のようなことですが、フィリピンでは事情が異なるようです。マニラから少し北に位置するブラカン県のサンタマリアという町で、ご主人と二人で酪農を営んでおられる元ＪＩＣＡボランティアのＯさんの体験談です。マニラ市内で生乳販売と、自家製のヨーグルトを日本人相手に販売されています。ご主人は日本での酪農をやめて、フィリピンで仕事をしたら面白そうだ、と始められた本格的な酪農家です。

さて、ここで「時計が読めない」というのは、彼女の雇っているヨーグルトも作るメイドさんです。長年一緒にヨーグルト作りをやってきたメイドさんが急に辞めたいと言うので、後任を探してくるように頼んで連れて来た新人に、しばらく先任のメイドさんが仕事を教えた後の出来事です。新任の彼女が一人で手伝うようになってから、ヨーグルトの出来がまちまちでうまく出来なかったようです。不思議に思って一緒に作業していたら、ここで三十分、ここで十五分攪拌《かくはん》などという処理が、まったくいい加減であったというのです。「なぜここの時間が違うの？」と問い詰めると、時計がそこに置いてあっても読めないから、全て「自分の勘！」でしていたというのです。初めはＯさんもどういうことかわからず、理解できなかったのですが、アナログ時計の五分や二十分という「針の動きがわからない」つまり「時計が読めない」ことがやっとわかったという話です。

一般的に今の日本の成人に「時計が読めない人がいる」ということなど想像も出来ないと思います。このメイドさんは学校に行った経験も無く、たぶん家に時計もなかったのでしょうから、自分の生活と時計は無縁のものだったのです。

そこでOさんもやっと事情が呑み込めて、彼女に十五分、三十分という時計の見方を教えてから、改めて「ヨーグルト作りを一緒にすることにした」ということでした。

彼女が最後に「日本でいまどき時計の読めない子が働いている、などと想像できるかしら?」と言って、改めてフィリピンならではの笑い話を終えました。

☆猫を追うより魚を除けろ！

古くから日常生活の中で「猫を追うより、魚を除けろ！」ということわざがありますが、それは猫に「罪を作らせるな」ということなのでしょう！　自分の父がいつもそう言いながら、後で騒ぐのは自身の「始末が悪いから」で、その結果として猫が悪者になり、「猫が魚を盗った」ことになるのだと教えていました。猫がその魚に出会わなければ、魚を盗った罪深い猫にならないで済む、というわけです。

このようなことは人間の社会にもよくあることで、「子どもが何かを盗んだ」とか、「つり銭をごまかした」などの話がそれでしょう！　最近の話では「病気の一種」だそうですが、デパートなどでの「万引き」もそのような場所に「スキ」があったことの結果なのだろうと思います。

フィリピンでは、大小の「盗難」はよく聞く話で、「誤魔化された」という話に至っては日常茶飯事です。ですから常日頃、自分の周りでそのようなことが起こらないようにするのが大事なのですが、生活も安定し、比較的治安の良いところで生活している日本人からすると、ふとその作らなくて良い「罪」を作ってしまうことがあります。

ある日、いつものパン屋で店番をしていた若い娘さんに、自分の不注意からその「罪作りの機会」を与えてしまって後悔しているところです。その店の「パンディサル（スペイン語で塩パンなのですが塩味はしない）」は一個二ペソですから、「六十個を二十個ずつ三つの袋に入れて！」と言って頼んだのですが、彼女は多分二〇ペソずつを三袋というように勘定して目の前に運んできたのです。

僕は六十個買ったつもりですから、一二〇ペソ渡したわけです。帰ってから和美が「三十個しかなかったの？」と言うから「どうして？」と聞き返すと、一袋に十個しか入っていないと言うのです。「だって彼女は一二〇ペソ受け取ったよ！」と言うと、彼女曰く「ここはフィリピンなのよ！」、そうか、また失敗したか！　と思いました。

これが日本だと「おじいちゃん、これは多いよ！」と言って六〇ペソは返してくれたはずなのです。隣のジュビーに話したら、「そんなの、その店番の娘にしたら、『今日は儲かったわ！』くらいなものよ」と、むしろ笑われてしまいました。店の売上と現金を整理すると、たとえわずかでもその日は勘定が合わなかったはずですが、そんな事はこの国にはないのでしょうか？

自分では紙袋三個を受け取って何の疑いもなく店を出たのですが、後で考えて「大いなる罪を作ったな！」と後悔しました。自分だったらそんな事はしないと思うし、どうしてあの娘はそれを黙って「儲かった」と思えるのか？　貧困ゆえだと言ってしまえばそれまでですが、正しくない事をさせてしまったという後悔が今もあります。

そんな事があって、日本とは違うから「罪を作らせないように注意せねば」と二人で話していたのですが、パン屋の失敗からわずか一カ月後に、また同じような事をしたのです。

それは新しくヤギ飼育を始めた集落で、クリスマス前であったこともあり、リーダーに指名した人物から「定期巡回の時にメンバーが集まってパーティーを開くから」と連絡があったときのことです。リーダーの彼はＰＣＣの農場に勤めており、ヤギプロジェクトでいつもお世話になっているオカンポ博士（Dr. Ocampo）に「支援してほしい」と頼まれたレシピエントで、アルマンド君（Mr. Armando Kabanes）と言います。彼は信頼できそうだからと、初めからかなり力を入れてその地域をこの先大きく発展させたいと意気込んで始めました。彼は実に真面目な人物ですが、周りはそうとも限らないので、「彼だけをひいきしてみないようにしよう」と二人で話しながら八軒でスタートした直後のことです。

ちょうど午後三時のミリエンダが始まる頃に、いつも巡回時に助けてくれているデリゾ氏(Mr. Mario M. Delizo)と我々夫婦の三人が到着しました。

パーティーの始まる少し前に、プレゼントとして買ってきた果物（バナナやオレンジ）を集まっていたメンバーの一人に渡した時の事です。その地域の入り口のところで車から降りたのですが、果物の入った袋をそこに居た女性に「パーティーに使って！」と言って手渡したのです。その女性は「サンキュー、サー」と言って受け取ってくれました。そこにはパーティーの始まる前でたくさんの子どもたちも一緒でしたが、そのまま気にもせず二〇〜三〇メートル先にある会場の大きな家の玄関先に移動して席に着きました。

しばらくしてパーティーは始まり、勧められるままに食事をしておりましたが、ふと気付くとそこらに持ってきた「バナナもオレンジ」も見当たりません。その会場を見渡しても、どうもその果物が入った袋を手渡した女性の姿も見当たりません！　自分たち二人とも、「バナナは？」と聞くのもちょっと変かな？　という気がして止めました。

結局二人にとっては実に味気なく不快な一時間余りのパーティーになってしまいましたが、その帰り道では「またやってしまったか！」という反省しきりでした。

その日の夕食時にも「今日もまたやってしまったね！」と二人で話しながら、「やはりあそこもフィリピンだな！」というのが精一杯でした。「リーダーのアルマンド君は正直で頼れる奴だけど、周りは見てわかるとおり、あばら屋ばかりだから貧しさはかなりなものだと思うよ！」と、二人で納得するほかありませんでした。

☆庭先のパパイヤが消えた！

二〇一五年の年末十二月三十日の夕方、散歩から帰るなり「やられた！」と和美が言うので「何を？」と聞くと、「パパイヤ三個！」という返事が返ってきました。

我が家で植えたパパイヤを初めて収穫した時の事で、すでに最初の数個はとってあちこちに進呈していました。二回目の収穫を「明日の夕方くらいに、と思っていたのよ！」と彼女が付け加えましたが、「言ってくれればあげるのに！」と更に自分に念を押しました。木は家のすぐ前にあり、道路から三メートルほどの距離で、その間に柵もないからその気になれば簡単に盗られる所ではあるのです。ここに来て初めて収穫できるほどの大きさに生長したので、「やられたか！」という感じでした。どこからでも見える場所だから、多分夜間の仕業でしょうが「PCC構内の誰か」であるのは明らかなのです。ここらあたりでは新年を迎える時、出来れば「十二種類の果物」をテーブルに置く！　というのが習わしのようで、どこかでその役目をしているのであろう、と言いながらその日は終わりました。

元日は例年のようにクルス博士の家に呼ばれて夕食をご馳走になり、花火を上げながら大騒ぎで新年を迎えました。その夕食どき、「誰かが家のパパイヤを盗って行ったよ！　言ってくれれば進呈したのにな！」と言うと、「多分それを英語で言えなかったからだよ！」とクルス博士が茶化しました。そう言えば隣のジュビーが、以前「道端のパパイヤはパブリック、見つけた人の物よ！」と言っていたことがありましたが、そういう感覚だったのかな！　と笑いながら話しました。

正月も明けて、その話を郷里から帰ってきたジュビーに話したら、「いや、それは違うわ！今回は明らかに所有者がわかっているから盗難よ！」と言って、後日セキュリティガードに話したようでした。彼はすぐに「犯人探しをする！」と言ったそうですが、しょせんＰＣＣ構内の話だから止めた方がいいよ！　ということでその話はおしまいにしました。

☆フィリピーノは「ショートカット」がお好き！

不在の時と大雨でも降らない限り、僕は夕方五時過ぎから大体一時間弱、ファーム・ジーンプールまで運動のため歩くことにしています。時に少し走ったりしていると、隣のジュビーが、「フィリピーノの七十歳はヨボヨボだが、日本人はすごい！」と言って感心します。

その運動のルートはＰＣＣ構内の周辺の囲い（ブロック塀か網）の内側で、網の破れなど補修してあったりする所もありますが、毎日のように「あるところ」は網が破れて人の通行の痕跡があるのです。僕が出来る時は、必ずそこを補修して閉めておきますが、しばらくするとまた開けられています。

ある時、その話をクルス博士にしたら、そこを開けて通るのはおそらくＰＣＣのスタッフだというのです。要するに彼らフィリピーノは「ショートカットがお好き」という事なのです。彼が言うには、ある所では柵を乗り越えるために「梯子」が置いてあったりして、いくら注意しても駄目だという話でした。それは、働きたくない、すなわち一攫千金を狙う「ギャンブル好き」に繋がるという話にもなりました。この国では大統領からスラムの住人まで、国中のバランガイで、ほぼ毎日多くの住人が絡んだ「小さな賭け事」がなされているのです。

考えてみると「ショートカット」というのは、時間をかけて働かないで「金・物を手に入れる方法」を探すわけで、まずは働かずに「食べ物を手に入れることを考える」わけです。それを聞き、「究極のショートカット」とは「物乞い」であるのは容易に想像できますし、いつでも誰にでも「手を出す」ことをなんとも思わないわけだということが理解できました。だから政治家になれば「汚職する事」がお金持ちになる一番の近道で、日常生活の中では支払い代金や釣銭が「ごまかせたら儲けもの」という思いが、常に彼らの気持ちの中にあるわけなのでしょう。

境界の壁や塀の仕切りに梯子をかけて「乗り越える」とか、網の破れを通って近道をするくらいは「ショートカットがお好き」といって話の愛嬌ですが、人に「貰って生活」していても恥じる事なく働くのが嫌だ、というのは最早どうしようもない「怠け者」という他ないでしょう。

地域住民のほとんどが参加するという「小さなギャンブル」の話ですが、まともに言えば「それは」この国でも「ご法度・違法」な事であることには間違いないのです。ですからこの国は「法治国家」と言いながら、本来それを「取り締まる方」もそれに深く関わっているということなのです。これに絡んだ話で、何代か前の大統領はその座を追われたというし、面白いのはその人物が今はどこかの「市長」になっていたりするというのです。

この国では普通の事ですが、大統領をはじめ県知事からバランガイの長まで、その人たちの「お給料」は「聞いて驚くな！」というほど少ないのです。それはその地位に居ると「領収書の要らない（出せない・出さなくてよい）収入」があるからだそうです。

日本では考えられないことに、早朝の市長の自宅やオフィスアワーの市長の部屋の前には訪ねてきた人々の列ができるのですが、大半は「親が死んで葬式を出すお金が要る！」あるいは「娘が病気になった」等という個人的な用（その多くはお金の無心）で来た貧困層の人たちで、ほとんどの場合それに対応するのだそうです。どこからそのお金が出るかといえば、先のギャンブルで集まったような「現金」が使われるのだそうです。正しいか正しくないかは別として、そのように世の中の「お金を回している」のだと言えばそれなりに納得できるのでしょう。その半面で笑い話のように言われるのが、不正を嫌った真面目な市長が任期満了後に「大変な貧乏」になってしまっていたという話です。

「ショートカット」というのは、生きるということに対して考えると、「食べ物を貰って生きる」ということになるようで、「キリギリスが死ねない」この国の現実がここでも納得出来そうな話なのです。

☆笑えない「ホント」の話！

ある日の夕方帰宅すると、我が家と道路を挟んで向こう側に見える職員住宅で昨夜「若い女性研究者の一階の部屋を覗いた奴が居るらしい」という話を聞きました。

以前にもＣＬＳＵの宿舎に泊まっていた日本人の女子学生が、覗きに気付いて「コラ！」と大声で叫んだら逃げていったが、その後気持ちが悪いので友人の部屋で朝まで世話になったという話がありましたが、ＰＣＣでは初めて聞いた話です。でも僕が以前言っていた農場への途中にある橋のところの網の破れは直したはずだから、「外からは入っていないと思うけどな！」等と二人で話してその日は終わりました。

それから二日後の夕方帰宅すると、一昨日の覗きの犯人がわかったようで、和美が「犯人、誰だったと思う？」と聞くので「隣の親父でも覗いていたのか？」と答えました。本人がチラッと見た容貌・姿を覚えていて、その犯人とは、「セキュリティガードの一人だったみたい、すぐにクビになったそうよ！」と言われました。「そうか！　そんな病気持ちをガードに雇っては駄目だよな！」と言って笑いましたが、まさに笑えない話でした。「なるほどな！　それでは、いくら頑丈に周りを鉄条網で囲っても無理だよな」というところです。これはよく聞く「白バイ警官の昼食代で終わる交通違反摘発」よりも、もっと「笑えない身近な話」でした。

☆小学生の「遠足」では！

マニラで行われるある研究会に出席するために、「明日の朝五時に出発するから」という連絡を受けて、早朝に迎えの車に乗って出掛けました。自宅からマニラまでは国道に沿った距離で大体一六〇キロメートル弱あります。従ってマニラ市内に入ってからの混雑を考慮しても、少し余裕をみれば八時三十分開会の会議には十分な時間です。しかしその後、例えばマニラから国内線の航空便を使って出掛けるような場合にも、七時発のフライトだとPCCを出るのは少なくとも三時前だということで、日本にいるときには前日に出掛けていたような場合も、必ずといっていい程、深夜から明け方に出発するのが一般的なのです。

自分は不慣れで疲れがひどいから、時には経費は自分もちで前日に出掛ける場合もあります。しかしここでは自分一人がそうすると、わざわざ一人を運ぶために前日に車を動かすことになります。だから運転手の勤務も心配して「出来るだけ皆と一緒に動くこと」を心がけ、最近ではなるべく朝二時起きで行動するようにしています。

「皆よくこんな生活をするな！」と感心しつつ、日本のように鉄道があるわけでもないから、車での移動は時間を計算できないので「こんなもんか！」と諦めていました。そんなある時、隣の小学生の遠足の話を聞きました。こちらでの学校行事の「遠足」は、全てバス旅行ですから、例えばマニラの博物館などの見学に出かけるとしたら、子どもたちは二時に起きて、三時にバスに乗り込み、一日中バスで移動しながら予定の行動を消化して、夜中の十時過ぎくらいに帰宅するのだそうです。従って、低学年の児童は目的地についても眠いのが先で、見学もバスの中での食事もそこそこに「ひたすら眠っている」のだそうです。それでもこの国のやり方は、「行事を遂行しました！」で良いわけで、事故がなければ「大成功」ということで終わるのでしょう。

ここで話を戻しますが、最初に「どうして前日から出掛けないの？」と同僚のアキノ博士に聞いた時、「そんなにしなくても、十分間に合うでしょう！」と彼が答えたことが納得できたわけです。「そうか、彼らは子どもの頃から慣らされているわけか」ということもわかりました。また、「成果」を問うのではなく、「実施した！」という事で納得するわけですから、疲れていて「会議・研究会で寝ていて」も、出席・参加したという、その目的は達成できたということになるのだと思います。

☆稲刈りの日に「見張り番？」

ヤギプロジェクトのレシピエントの一人で、誠実で真面目な働き者の「ヒル・カルロス（Mr. Gill Carlos）」というPCCのスタッフがいます。彼は稲刈りのシーズンになるとクルス博士の奥さん「テス・クルス（Ms. Tess Cruz）」に雇われて、何日かアルバイトをすることがあります。

先日も和美が夕食の折に「今日もヒルはテスの稲刈りの手伝いに行ったそうよ」と言うので、「彼も稲を刈るのかな？」と聞いたら、「いいえ、彼は見張っているだけよ！」という返事でした。「彼は作業全体が見渡せる場所で、トライシクルの座席から、監視しているのよ」と言うから、「何を？」と聞いてみてその答えに驚きました！

フィリピンの人による稲刈りは、日本の場合とは少し違って、稲の根元からではなく、穂の下一五センチメートルくらいの所から鎌で刈り取り、「穂の部分だけ」を集める方法です。従来からこの作業を専門にするのが「季節労働者・土地無し農民」として位置づけられている人たちで、田植え・稲刈り時期の重要な労働者なのです。彼らの待遇はどうかというと、いわゆる「出来高払い」で、日本での「日当」とはまったく違います。こちらで「日当」払いなどにしたら、限りなく働こうとしないから、仕事は進まず、時間だけが進む状況になり、作業の適期をやり過ごす結果になるのは目に見えています。だからこのような作業の場合は、一日あるいは半日あたりの収穫量（重量）に対していくら、という単位で賃金が支払われます。

ここで話を戻しますが、ヒル・カルロス氏は「何を監視する」のかというと、彼らの働き具合ではなく、「刈り取った稲穂を持ち逃げする行為」なのだそうです。「そんなことまでするの？」と聞いたら、「もし彼がいなければ、収量は半分くらいになるそうよ！」という話でした。

日本でも昔から、農作業、特に稲の収穫は時期が集中するから、相互に援助し合う「ゆい」の習慣などがあり、農家が相互に助け合ってその時期を乗り切ってきたものです。自分も農家の息子で、子どもの頃から両親について農作業もし、農繁期には隣近所の人たちと朝から夕方暗くなるまで働いた記憶がありますが、収穫の時期から稲穂がなくなる話など聞いたことがありません。

なんとも寂しい話だな！　というのが、その夕食時の「フィリピーノの農繁期事情」についての感想でした。

☆国内線いきなり「キャンセル！」——NAIA（マニラ空港）は既に「満杯」

ヴィサヤ地方のネグロス島、デュマグエテ市（Dumaguete）で開催された全国酪農大会に出席した際の出来事ですが、大会後マニラに帰る航空便（PAL）が、三時間以上遅れた後にいきなり「キャンセル」されたのです。幸い僕は別便（セブパシフィック）を利用しており、三時間半待たされたものの、その日のうちにマニラに戻ることができました。

どうして「このような事」が起こるのかというと、マニラ空港（ニノイアキノ国際空港）が満杯で、予定されている便の発着が物理的に不可能な状態なのです。地方空港の発着予定はマニラ空港発着の状況と密接に関係しており、マニラを飛び立たない限り地方空港の出発時刻は予定できません。その時刻も予定飛行時間後にマニラ空港に着陸することが可能な時間帯でなければ、そこを離陸することはできないわけなのです。すなわちデュマグエテ市発の便がキャンセルになったということは、マニラ空港を出発できる時間帯の予定が立たないことが原因で、地方からの出発も機体が到着できないわけですから、当然のことながら「キャンセル」となるわけです。天候の変化でも天変地異によるわけでもなく、全くの「人為的な要因」によるものなのです。もう随分前から、マニラに到着しても上空を飛びながら時間待ちをしているという話を聞いていましたが、空港ターミナルビルの整備などは進んでいるものの、肝心の発着便増加への対応は全く進んでいないようなのです。

フィリピンには以前米軍基地のあったクラーク市に、国際空港として使用できる整備された空港があります。空港の条件としてはおそらくマニラ空港よりも優れていると思われ、ここを国際空港として機能させようという声は国内外から聞こえています。クラーク市はマニラから軽便鉄道か専用道路で結ぶと一時間前後で連絡出来る位置にあります。マニラ空港が機能不全に陥っている現在、クラーク空港と共同運航しようという話が何故、具体的に進まないのかということが気になりますが、真偽の程は定かではないものの、まことしやかな話が伝わってくることがあります。

マニラ空港はアキノ大統領の亡き父親の名（Ninoy Aquino）が冠されていますが、一方のクラーク国際空港も二〇〇三年に当時のアロヨ大統領の父親の名前（Diosdado Macapagal）を冠した国際空港に変更されています。一説にはそれをアキノ大統領が気に入らず、マニラ空港と同格にすることに積極的にならないのだという話なのです。車の渋滞でどうにもならなくなっているエドサ通りと同じように、にっちもさっちもいかなくなっているマニラ空港の問題解決を、大統領とはいえ個人的な感情で、積極的に対処しようとしないというのも何か子どもじみた考えのような気もしますが、いかがなものでしょう。

☆「制服組」の「いかさま」は何ともタチが悪い！

先にも警察官のいい加減さについて述べましたが、この国では例えば役所や空港などの公の場での制服組の人たちも「隙あらば何とかごまかして！」ということを平気でします。

隣の大学（CLSU）に研修に来た学生を空港に迎えに行った時、騙された学生の無頓着さもさることながら、「制服組」がやる事だからしょうがないよな！　と話したことがあります。その学生が乗った便が少し早めに着いて、僕と出会う前に少し時間があり、わずかなその間の出来事です。空港の職員たちには「その人が初めての海外旅行」だというのは一目でわかるそうで、まさに彼女の場合も「そのとおり」のようでした。入国審査が済んで荷物を受け取り、お金を現地通貨に替えて、荷物検査を受けて建物の外に出ると、すぐに声をかけられたというのです。空港職員の制服を着た女性が近づいてきて、日本語で「おねえちゃん、こっちこっち」と言って呼び止められ、「荷物を預かってあげる」と言いながらトランクを引いて時間のある人たちが待つ場所に案内されたそうです。彼女のほうは訳もわからないままついていった先でお金を請求されたようです。彼女は、いくらかもわからないのに換金したばかりのお金が入った財布を開けて見せ「取りなさいよ！」と言ったら、千ペソ紙幣を一枚抜いたというのです。そうしたら、「ここで見ていてあげるから、そこを出て知人を探したら？」と言われて柵の外に出た所で僕と会ったというわけです。「荷物はどうしたの？」と聞くと、「そこで預かってもらっています」と言うから、その場所に向かってみると「制服を着た男女」が座っており、僕が声をかけたら一目散にドアの向こうに消えたのです。その後、駐車場への道を歩きながら「お金を要求された」と言うから、「いくら取られたの？」と聞くと先に書いたような事でした。「それを早く言いなさい」と言ったのですが、もはや後の祭りで、だから自分の顔を見たらさっさと逃げたのか！　という、先ほどの様子が理解できました。彼女は制服を着ている人だから「親切だな！」くらいに思っていたようで、初めての旅だし、「ちょっと高い授業料でした！」と納得したようでした。僕も「制服を着た奴がやるから、手の打ちようがないよな！」と後味悪く納得せざるを得なかった次第です。

また、二〇一五年の夏頃、マニラ空港で起きた「拳銃の弾」が度々旅行者の鞄の中から見つかるという事件がありました。国内でも新聞・テレビなどで取り上げられ、国際的にも日本などではフィリピンへの旅行者に空港で検査後の荷物をラッピングする等の対策が取られたようでした。まったく予想もできない人（旅行者）の鞄から出てくることもあり、一日何件か続くと、空港内でもちょっとした「パニック」状態に陥ることもあったようです。国家警察も乗り出して徹底的に調査した結果、組織的な犯罪ではなく、空港職員の悪質なイタズラだったらしく、しばらくしてそのようなことは無くなりました。しかしその間に調べられた人たちは、最終的には「罰金刑」で済まされたのでしょうが、いくら身に覚えが無くても嫌な思いをさせられたことには間違いありません。その間には、余計なトラブルを避けるためにした透視検査前に手荷物のポケットに入れた「高級時計」が消えたなどという話もあり、不可解なことが多発していたようでした。事件が解決しても、このような話は「国家の恥」として大いに戒められるべきだと思うのですが、この事件の結末もそれに関わった人たちは「配置換え」によって移動したくらいで終わっているそうです。おそらく何十人かの人たちが被害にあって、その間に罰金として納めたお金を返還したという話は聞きませんので、この国独特の不可解なお金の動きの中に埋もれてしまったのでしょう。

制服を着た人たちが何故そのような悪事に手を染めてでも「小銭稼ぎ」をするのか？　という問いに対して、的確な回答ではないかもしれませんが、ここでも多分仕事の量に対して払われる「日当・給与」が思いの外「寡少」なのが原因であろうと思えます。

この国では制服を着ているから「正規職員」であるということはないようで、正規の職員の割合は半分以下であると聞きますから、多くの人たちが低賃金で「日雇い」として働いているのが現実なのです。この国の経済政策に関してまで云々する技量は持ち合わせていませんが、一方で何十億ペソの汚職をする代議士連中が居るというのに、その日食べる米がない貧民が多くいるのは、「民主主義国家」と言うには相応しくないほど「富が偏っている」ことの表れだと思います。

☆非常に「身近」にある「ドラッグ」

中南米の国々で聞く話ほど大きくはありませんが、少なくとも月に一度くらいはマニラ空港やマニラ港をはじめ各地方の港などで「○○キログラムのドラッグ押収！」などという新聞記事を目にします。時には山岳地域で「ケシが栽培されていた」などという記事も目にすることがありますが、その手の話は多くはありません。最近は「合成麻薬」の類についての話も多いのですが、時には「本物のヘロイン」が大量に押収されたという記事に出会うこともあります。だからこの国では「大麻」はその手の話の中では小さいもので、あまり問題にならないのではないかと思います。ごくまれにマニラ市内や地方の都市で「車の中から覚醒剤を押収」などという話も新聞紙上ではよく目にします。

友人など身近な人たちと話をすると、「問題は中国人だ」と彼らが主要な「トラブルメーカー」のような言い方をします。しかし、事件として記事にならないだけで、この国の貧困層の間もいわゆる「ドラッグ」はかなり浸透しているようで、それに関連する「殺人やレイプ」などの犯罪も、日常的にあるのです。

僕たちの身近なところでも、長年付き合っていたホステルの職員であった「H君」がある日突然「クビ」になったということを聞き、その原因が「ドラッグだった」と聞いて更に驚きました。後で知ったことですが、この国の職場での「定期健康診断：メディカルチェック」の項目の中に、スポーツ選手並みの「ドーピング検査」があるのです。そこで引っかかった彼はその後PCCの構内には出入り禁止になっています。真面目に働いていると思っていた彼が、麻薬が原因でクビになったことに驚きましたが、職場の定期的な健康診断の項目に「ドーピング検査」があることにも驚きました。彼は「ヤギプロジェクト」の当初からのレシピエントの一人であって、困っているであろうという思いから、時に「トライシクル」ドライバーとして頼みたいと思う時もありますが、構内に入れないから我が家の前までは来られないのです。後に彼に聞いてみると「夜勤」もあり、時に眠気覚ましに役立ったようです。軽い気持ちでその「ホステルの客から手に入れた」ということでした。

さて、諸外国からこの国へのドラッグの不正持ち込みと国内でのドラッグの蔓延について述べましたが、新聞記事を見てこのドラッグに対する国内での認識が「いかに甘いか！」を見せつけられて驚いた記憶があります。ヴィサヤ地方の「セブ国際空港」からの乗客（フィリピーノ）が、香港入国時の検査で「かなり大量のドラッグを持ち込もうとしていたとして拘束された」という記事でした。出国の際の検査でどうして「見つけられなかったのか？」ということで、わずか数時間前の母国での検査で問題なかったの？　という疑問と、おそらくは出国時の検査のいい加減さを露呈したわけで、いち住人として自国のことのように恥ずかしく思いました。この国に住んで、いい加減なところが沢山あることはいつも気になって思いを巡らせますが、ここでも「制服組の不正」を見せつけられた気がしました。

透視検査を検査係が無視したか、あるいは検査後に誰か仲間の空港職員から受け取ったとしか考えられないが？　という実に情けない思いをしたものです。国際空港の中でいい加減なことをするということは、母国の恥を世界中にさらすわけですが、だからと言って「腹がへってはプライドも無いか？」という気もして、「彼は貧しいから！」と聞かされた時の気持ちを思い出しました。

☆携帯電話に「同じ番号があった！」

しばらく忘れていましたが、そろそろ自分の携帯電話の料金（プリペイド）を入れないと期限切れで「残っているお金が没収されてしまう！」と思い、いつものように隣のジュビーに入金を依頼しました。その後二、三日して彼女から「二〇〇ペソ入っているでしょう？」と聞かれて、調べてみましたが入っていないので、その旨を伝えると彼女が改めて調べてくれました。

ジュビーにすれば、いつものように自分の携帯電話から、僕の携帯電話に送金したと思っているわけですから、それを確かめに連絡したというわけです。しかし、わかったのは「誰かほかの人の携帯料金として」入っていたということなのです。何とそれは、僕と同じ電話番号の携帯電話を持った人（女性）のほうに入っていたというのです。僕が最後に入金したのがおよそ二カ月くらい前で、その後に「同じ番号の携帯電話」がその女性に売られたという話なのでしょう。彼女の何回かの試行錯誤の後に、やっとその女性と連絡がついて事情を話したようですが、勿論その女性が返すとは言わなかったようで、後の祭りでした。見ず知らずの人からの連絡に、「間違ってお金が入っていた」のはわかったとしても、そんなものを返してくるなどということは、この国では到底あり得ない話なのです。

僕の携帯電話は住み始めた翌日にクルス博士が買って届けてくれたもので、それ以降事故も無く使っています。つい二カ月前にメールが打てないということで、カード（番号）を変えたところでした。「同じ番号のカードが売られる等ということがあるの？」と聞くと「無い」と言われたのですが事実「あった」わけだから、今更言っても仕方がないというわけで更に新しいカード（番号）を購入したわけです。自分の古いカードの料金も二〇〇ペソ弱は残っていたので四〇〇ペソくらい捨てたことになりました。誤って同じ番号のカードを売ったわけだから、その店に行って彼らの不誠実を確かめるなり、「何とかする事はできないのか？」とジュビーに聞きましたが、「誤って受け取った本人が返す」ことをしない限り、どうしようもないと言われて、それ以上僕たちに為す術はありませんでした。それにしても「そんな馬鹿な！」という考えられない不手際ですが、どこにも質すことができないというのも「ここはフィリピンだよ！」と言って笑う以外に手は無いのでした。

僕にしても、世話をかけたジュビーを責めても仕方がないから、「今度からは気をつけよう！」と言って諦める以外はありませんでした。それにしても、そのような不手際を質すこともできないというのも「不思議な国」のような気がしますが、「どこの誰もが」一度手にした「いかなるお金」も決して放さない！　という事を正に見せ付けられたというところでしょうか？

八　ヤギプロジェクト！

☆ヤギの援助は「どこで役立っているか」

貧農（あるいは貧困家庭）がヤギを持つことによって、具体的にどこがどのように「生活改善される」のかについて、述べてみたいと思います。

この国の貧困にあえぐ人たちは、一度でも顔を見たことがあると「お金を貸してくれない？」と言って気安く話しかけてくるということは前にも述べました。この同じ頼みを、プロジェクトのレシピエントがしてきた場合、その人の飼育しているヤギの状態がよければ、次に生まれてくるであろう仔ヤギの「先買い」というかたちで借金させることもあります。この依頼が意外と多く、実にその日一日を「目いっぱいの生活をしている」事情がわかりました。借金の理由はいろいろで、身内の葬式や病気、台風などの後では「飛んだ屋根の修理に」というのもあるし、奥さんが病院で子どもを産んだが「その支払いが出来ないと退院できないの」というような、笑いたくなるような「急な話」もありました。しかし、このような形で先に借金をしてしまうと、雌仔ヤギを一頭返して「独立・自立」するまでに時間がかかり、足踏み状態が長く続きます。一番多い借金依頼（財産としてのヤギの価値）の理由としては、子どもの教育に関わることで、学期の始まりの頃に多い「学校への納付金」やノートや筆記具の購入代金です。これは独立してからも助けることのある「成・仔ヤギ」の販売（買い取り）もあり、正に生きる財産の威力を目の当たりにする時でもあります。

珍しい話としては「数年間滞っていた宅地の借料」の数千ペソというのがありましたが、一日の最低賃金が二五〇ペソという事から見ると、三千、五千という単位の「まとまった金額」を一度に用意することは至難の業なのだということがわかりました。

ヤギ飼育によって積極的に自分たちの生活を向上させ生活が豊かになってきた場合だと、成雌ヤギ二〜三頭売却分でフィリピンでは一般的な「サリサリストアーの開店」や「サイドカー・トライシクルの購入」などができます。ここまでになるには運もありますが、辛抱強く真面目に飼い続けていかなければ難しい話です。予定はあくまでも未定であり、成ヤギ三頭が全て双子を出産したが、「全て雄」であったという笑えない例もありました。

しかし、始めてから三〜四年が経過しても、実際に独立した者の数は極わずかで、分娩後の種付けの計画等もこちらの仕事として世話をしている状況なのです。ひどい話では、分娩後双子を半年以上も母親から離さずにいて、次の発情が来ないと尋ねてきた例もありました。無論二カ月に一回の状況視察・駆虫・健康状態のチェックも実施していますし、未だに「おんぶに抱っこの状態」が続いています。いつまで経っても自分の足で歩くところまでいかないレシピエントたちを、何処かで区切りをつけないといけないと思っているのですが、今のところ「何処に根本的な問題があるのか」わからない状況です。

☆お金が無い！

当該の妊娠した雌ヤギを各レシピエントの元に届けて、「何か問題があったら、必ず連絡‥電話するように！」と言って、このプロジェクトの協力者（獣医師、人工授精師などの専門家グループ）の名簿・電話番号の一覧表を渡してから、彼らのヤギ飼育は始まります。

その後失敗するケースは、「連絡しようにも、電話にお金が入っていなかったから、どうしようもなかった！」という場合です。その事は僕たちにとっては正に「予想外」のことで、想像すらしなかったことなのです。フィリピンの携帯電話のテキストメールだとわずか一、二ペソで済むわけですが、それが「無かった」のだと言われると、それ以上返す言葉が見当たらないので、「そうか……」と言うほかないでしょう！

まさに「そこまでなのか！」という貧困の状況なのであります。

☆もうひとつの「お金が無い！」

あるレシピエントから電話がありましたが、どうしても意味が汲み取れない！　隣のジュビーに話してその状況を説明してもらって、ようやくわかったのが、自分のところのヤギの一頭が、「よその田んぼの稲を食べて困っている！」という事でした。

そのヤギというのが、「お金を貸して欲しい」と言われ、お金を貸す代わりに、生まれる予定の雌仔ヤギを先買いしたもので、「そのヤギを繋ぐロープが無いので、放し飼い状態なのだ」ということでした。プロジェクト側では牧場を持っていないので、三カ月から六カ月齢までは、一日十ペソ支払ってそれぞれに飼ってもらっているのです。だから、「少し早いけど引き取って、待っているレシピエントにお金を渡そう」と決めていましたが、「そちらでロープを買ってくれるのであれば、六カ月齢まで飼いたい」という希望らしく、「一日十ペソの収入」ですら、彼らにとっては貴重な収入だということもわかってきました。日本人から見れば、その二〜三メートルのナイロンロープの値段はたいしたものではないと思えるのですが、彼らにしたら自分で負担するのは大変なことのように感じられました。「そうか！　それほど大変なのだ！」という思いと、改めて「この国の貧困」を理解できた思いでもありました。

☆貧農に雌ヤギを飼わせる！

以前研究のために農村地域を回っているときにはそれほど気にしなかったことですが、いまヤギを飼いたいという農家に「ヤギ小屋があるか？」という質問は、かなり微妙なことであるのに気付きました。例えば最初に面接をしてOKを出した後に、ヤギを運んでみると「それらしきもの」はあるが、屋根が無く、それを直すのに「いくらかのお金を貸してくれ！」などという事がありました。また別な話で、少し距離的に離れていて、種付けのためにこちらが管理しているステーションまで運ぶのに不便だから、「雄も一緒に飼うか？」というと、「フェンスを設置したいのでお金が要る！」となります。それらの要望を全て聞いていると「結局ヤギ二～三頭分の金」を渡して始めることになるのです。それでも本人が「本当に欲しくて、一生懸命に飼います」という気持ちなら納得も出来ますが、たいていの場合、なんとなく毎日そこら辺に繋いでおけば「ヤギがお金を生んでくれるかも？」というような「軽い気持ち」であることがわかってきました。

人から人へ「ヤギプロジェクト」の話が広がると、毎日のように「私もヤギが欲しい！」という人が我が家を訪ねてくるようになりました。しかし「一頭のヤギ」を貸すのではなく、先に書いたようなその他の話が一緒だと「お金を貸す」という状況に近いので、心配になることが多いのです。「小屋は自分で何とかするから、ヤギだけでも貸してほしい」というほどの「気概」はこちらの人には見当たりません。やはり「貰うことに慣れた人たち」にそのようなことを期待するのは無理な話のようなのです。特に勘ぐるわけではありませんが、こちらの人たちと話をして「何とかして、お金を手にしたい（＝儲けたいということではない）！」という気持ちが見えてくると、どこまでが本当なのか？　という不安を抱えてしまうのが実情です。

少し違う話になりますが、こちらで飼育料を出して種雄を置いてもらう「繁殖センター」を依頼したある農家の話です。その雄の足の様子がおかしく、獣医師の見立てではカルシウムが必要だというので、隣町で購入するようにそこの主人に依頼したことがあります。それはカルシウムの注射液でいつも世話になっている獣医師から注射筒を借りて、その主人に注射してもらうように依頼しました。その際にカルシウム剤の価格もはっきりしないこともあって、移動のトライシクルの料金とは別に一〇〇〇ペソを渡してお使いを頼んだわけです。その後、本人から「買ってきて注射した」という連絡はあったのですが、いくら催促しても「レシートとつり銭が戻ってこない」ため、次の月の飼育料の支払いの時に相殺して、信用できない相手であるから雄ヤギを飼育する繁殖センターの依頼もやめた例があります。その家庭はちょっと複雑なこともあってか、その前の月などは彼の母親から飼育料の前借を要求され、あまり良いことではないのですが先に渡しました。後に息子がそれを受け取るつもりで我が家に来て「母親が来たって？」と言って不満の様子ながら帰って行ったこともありました。このように一度手にしたお金は「たとえ自分のものであろうがなかろうが！」離したくないというほど「さもしい気持ち」が彼らの中にあるようです。この話を隣のジュビーに話したら、「おつりの小銭は返さないのが普通よ！」ということでした。面白い社会だな、と言う前に何となく「寂しい気持ち」にもなりました。

彼らの生活の大変さを理解していくのはなかなか困難で、いろいろな場面に遭遇してみて適切な判断をしなければならないのです。

☆人を信用することの難しさ

僕がまだ現役の頃、将来の計画として現在進めている「ヤギプロジェクト」について話をすると、こちらの人たちは「先生、フィリピーノはズルいから、ヤギを貸し付けてから二〜三日すると、『先生〜、昨夜ヤギが死んだよ！』などと言ってくるよ！　そして次のヤギをくれ！と言ってくるだろう」と言うのです。「多分死んだのではなくて、食べたかあるいは売り飛ばしてからな！」と笑ったものです。そのような場合に「何回まで彼らにヤギの貸し出しをするのか？」とよく聞かれていました。僕は、「少なくとも三回は聞いてやるよ！」などと話した記憶があります。

さて、始めてみて現実を知るのですが、それは「だまされた話」ではなく、意外にもレシピエントが「正直であった話」なのです。最初にスタートした五人の内、二人に貸した雌ヤギが「仔ヤギの出産前に死んだ」のですが、そのときの対応は意外なものでした。最初のレシピエント（F氏）は、死んだという電話をくれたので、「見せに来なくてもよいからね」と電話で言ったにもかかわらず、後でトライシクルに乗せて「現物」をわざわざ家まで運んできました。またその十日くらい後に、もう一人のレシピエント（D氏）も同じように遠方から「死亡したヤギを見せに行くから」と連絡してきたのです。彼の場合は、腹を開いてみたら元気な三仔で育てられそうなほど育っており、「子どもたちが、かわいそうにと言って泣いていた」というのです。

このような時に、以前こちらの友人たちが言っていた話があるのだなということを思い知らされたのです。すなわち「俺は決してうそを言っていないのだ」ということを、レシピエントたちは行動で示したわけなのです。その後も同じように「ヤギが死んだ！」という連絡は数多く受けてきましたが、「こちらは信用しているからな！」ということで、電話連絡だけで済ませていますが、だまされている事はないと確信しています。ひょっとしたら「だまされている例」があるのかもしれませんが、自分の気持ちの中では「無いもの」と信じてやっています。

☆雨季の遅れで起こった事

二〇一五年は雨季が少し遅れた感じがあり、例年の六月中旬になっても雨の日が少なく、本格的な田植えの時期が約一カ月近く遅れる状況でした。そのためか、「農家」の気持ちがすさんで、あちこちでヤギの盗難が相次いだという話を聞きました。

ヤギプロジェクトを始めてから、初めて「盗難にあった」とレシピエントから連絡を受けた時のことです。しかも、七月中旬の二~三日の間にプロジェクト内で立て続けに四頭「盗まれた」というのです。そのうちの二頭はレシピエント（B氏）に預けて飼ってもらっていた自分たちのヤギで、しかもその二頭は妊娠二カ月の若い雌でした。しかもこのB氏はその前の週に生まれたばかりの雌の双子をすぐに失っており（おそらく早産であったし、土日で獣医の不在とも重なり不運でした）、そのショックは並大抵のものではありませんでした。雨季の始まりは遅かったのですが、雨量は例年より多い感じで、七月の一カ月は太陽を見ない日が続きました。従って繋牧も順調に行えず、どうしても餌の量が少ないという状況は否めず、ヤギ飼いにとっても試練の時期だったのです。このB氏は身障者で、自分の草地に放牧していて見える範囲で盗られたとしても、すぐに追いかけていけるような状況にないことも承知のうえで犯行にあったと思われます。それに懲りて、その後は「舎飼い」に切り替えて拘束して管理していたら、今度はその後二週間ほどしてまた別の二頭が早産して双子四匹の仔ヤギが死亡したというわけです。

この時はさすがの彼も「懲りた」というかショックが大きく、盗まれた二頭はこちらの預かり物であったこともあり、電話だけではなく甥の運転するトライシクルで家に足を運び、「俺の話を信用して、もう一度チャンスを下さい！」と真剣に訴えてきたのです。こちらとしては信用しているし納得したのですが、この話を友人にすると、彼は「多分売ったのだろう？　俺は信用しない！」などと断言する有り様でした。彼らにしてそうなのだから、信用した自分がお人好しなのかもしれないのですが、日頃のB氏を見ている限りでは自分は十分納得できるのです。現実に、「半分はPCC所有の水牛であっても勝手に売る」ような農家の連中だから、「容易に信用してはいけない！」というのもうなずける気もします。これがこの国の貧困だと思うと、この状況を少しでも好転させる為には、「先の長い話」になるのです。

☆「干草を運んだ再利用の飼料袋」が戻ってこない！

ヤギプロジェクトを始めてみて、この国で「ヤギを飼う」ということを理解してもらうのがかなり難しい事だということもわかってきました。専門家の間では「カットアンドキャリー

（人が刈った草を餌として与える）」という言葉が頻繁に使われ、普通の飼い方の典型的な方法ですが、僕たちが相手にしている「ヤギが欲しい、飼いたいといった人たち」の多くは、「ヤギというのは、どこか空き地か畦畔に繋いでおけばお金を生む動物である」くらいの認識ではないかと思うほど、安直に考えているようです。草を刈るための「鎌」がないという人たちにはそれぞれ一丁ずつ鎌を買って貸与してありますが、実際に「カットアンドキャリー」を実行していると思われる人は、ほとんどないように思えます。

自分たちの住むＰＣＣ内の「緑地」は、庭園・施設内緑地の管理者によって、乾季にはスプリンクラーにより定期的に水が散布され、年間を通してしっかりと刈り取り・管理されています。プロジェクトのレシピエントたちに説明してもなかなかわかってもらえなかったのですが、ヤギに給与する草はいつも生草であるより、時には干草（乾草）や稲藁も効果的な粗飼料であるのです。折を見て緑地管理のために刈り倒された草を集めて干草を作って、彼らのヤギに給与するよう勧めてもみました。僕が飼料・栄養の専門家であることを知らない人もいますが、「俺のヤギはネイティブだから、青草しか食わんよ！」等という訳のわからない事を言う人もいて、「青草よりも干草の方が基本的には良いのだよ！」と話しても、しばらくは理解してもらえませんでした。しかし、根気よくそのような干草を作っておき、月一回の巡回の折に運んでいって与えるよう勧めていたら、次第に理解し始めた人たちの間では少しずつ「干草給与」が行われるようになっていきました。もちろん、最初はヤギ自身も「食べた経験が無い」という場合もあり、慣れるのに時間がかかることもあって、始めて二年近くが経ってようやく「その重要性」がわかってもらえたように思えます。

干草を作ってもその保管・運搬に袋が必要ですが、幸いＰＣＣの研究農場では哺乳・泌乳中の水牛を常時飼育しており、そこで使われる「代用乳や濃厚飼料」の入っていた袋を再利用のために譲ってもらえることがわかり、お願いすることにしました。それは二重構造でかなり丈夫なものですから、干草の運搬・貯蔵にはうってつけの代物で随分と重宝しています。内側の部分のビニールを剥がして使うとさらに、干草の運搬には一袋が二袋として使えるので、レシピエントが増えてきても十分に対応が出来る代物です。

しかし、巡回の時に持っていったものも、ＰＣＣで働いている人が帰りに自分たちの宿舎に立ち寄って運んでいった場合も、「後で袋は戻しておいてな」と言っているのに、返ってきたことがないのです。最初は思いもよらなかったことですが、和美が気付いて「後で別なかたちで役に立っているのよ！」と言うから、巡回の際に注意して見てみると「彼らの住居の壁の補修に使われていたり、または物置の屋根の一部になっていたり」と重要な役割をしている事がわかりました。このように再々利用されているので我が家に戻ってこないのです（こんな事は現在の日本の人たちには決して理解できないと思います）。「フィリピンの貧困層が生活している所」というのは、人の生活が「最低は保障されている」ようなところで、豊かな（あるいは寒い時期のある）国の人たちから見ると「想像すら出来ない！」住環境であることがわかると思います。このようなところでは、多くの場合に炊事場は囲いの無い建物の外で、辛うじて「母屋のひさしで雨をしのいでいる」状況なのです。もちろん、熱源は「焚き火」ですし、多くは電気も無いから、夕陽の恩恵で戸外の方が好都合にも思えるので意外と合理的かもしれません。

☆「緊急事態？」レシピエントからのメール！

ある朝の事、和美の携帯電話にメールが入ってきて、相手はわかるもののタガログ語なので、「ヤギの事なのはわかるけど、後で隣のジュビーに聞いてくるわ！」ということでした。昼食に帰宅した時、和美が「今朝のメールの用件、何だったと思う？」と聞くので、「また、ヤギが死んだ！　というようなことなの？」と答えると、そうではなくて「次の干草は、いつ届くの？」というものでした。

僕たちが「ヤギプロジェクト」と称して始めた「人助け事業」は二〇一四年の十月現在で二年半になり、レシピエントの数は四十軒強、ヤギの総数は七十頭をこえる状況にあります。スタート時点でのレシピエントは五人で、「在来種」の妊娠ヤギを一頭（ＣＬＳＵのＳＲＣで購入）ずつ貸与しました。その中で大きく数を増やした人もいれば、いまだ事故にあったり病死を繰り返したりと、飼育頭数の増えない人もいます。先のメールの主もその時の一人で、流産が一度ありましたが比較的順調に進めてきた人です。不幸にもご主人が急逝され、そのときに葬儀費用の調達もあり少し手ばなしましたが、今も二頭の妊娠母ヤギを飼育している人物です。

ＰＣＣの構内は多くの緑地帯があり、雨季には草の伸びも早いので、二～三週間に一度は管理人が草刈機で刈り揃えて管理されています。その一〇～二〇センチ程度の雑草を、うまく取り扱えば上質の干草が出来ることがわかり、二人で刈り払ったものを集めて雨季の合間の「陽光」を利用して、「干草」を作ることにしました。ひまを見ては作った干草を貯めておいて、月に一度の定期巡回時に常日頃「餌が少なそう」と思われるレシピエントに進呈するようにしてきました。そして、青草ばかりでなく時には「干草も良い飼料なのだよ！」ということも教えているのです。しかし、そのような事が定期的になり「いつでも貰える、届く！」という気持ちを定着させたようで、図々しくも「催促する」ということになったようなのです。そのメールを見たジュビーも「フィリピーノは自分で何もしなくても、貰えるものだと思い込んでしまうから、自分でさせなければいけないのよ！」と怒ったらしいのです。「どうして人の親切心がわからないのか？」また「そんな事を当然と思えるのか？」呆れてしまって怒る気にもなりませんでした。このような場合、日本人であれば「この次からは自分でするから」と言ってお礼を述べ、「ありがとう」とも言わず催促するなどということは間違ってもしないはずです。「人に恵んでもらう」ということが恥ずかしいと思わない「心境」というのは、かくも無神経なものかと感じた出来事でした。ボランティアというのは、時間とお金を使って、自分を働かせることのようです。それにしても今、僕たちがしているヤギ飼育の推奨・援助は「お金を出してヤギを買い、餌まで用意してよそに預けて飼ってもらっている」状況であり、実際「何なのだろうか？」と時に思います。

真剣に考えると、まだボランティアにもなっていないほど、周りの人が言うように「馬鹿な事をしているのかもしれない」と思うときもあります。先のメールをくれたレシピエントは、その一年後には付き合いきれないという判断で、プロジェクト側から付き合いを止めました。

☆明日のゴハンのために

ある朝、和美からオフィスに電話があり「妊娠しているヤギを手放したいという話があるけれど、買ってもよいかしら？」という相談がきました。よくある話で「急にお金が要る」という事ですが、僕たちが手掛けている「ヤギプロジェクト」にも必要だし、「買ってあげたら！」という返事で話は済みました。価格は体重キログラム当たり二〇〇ペソということで、ちょっと高い感じはしますが、それも「人助けの一環」という気持ちでした。「在来種」であるから妊娠しているとはいえ、大体二〇～三〇キログラムくらいでおよそ日本円で七千円～一万円前後になります。実際には家に牧場があるわけではないので、代金を彼等に渡し「ヤギプロジェクト」のレシピエントの一人になってもらうのです。彼等にすれば、昨日までと同様にヤギを飼うことは同じで、ただその「ヤギの持ち主」が変わっただけですから、実にラッキーな話なのです。

さて、夕方帰宅して「急に」という、その内容を和美から聞きました。彼女がショックを受けた話というのは、「稲の収穫前」の時期で、土地無し農民は仕事も無く「米を買うため」ということでした。異常な気もしますが、まさに「家畜」という現実を肌で感じたのです。同じような話は、以前にも隣の県に住む友人の大場さんからも聞いたことがあり、「孫に食べさせる米を買うため」ということで、一人の婦人が地元の市場に出していた「妊娠しているヤギを買ってあげた」という話です。不幸にも、そのヤギは四つ子を孕んでいて、出産後間もなく根尽きて死亡したという話でした。

こちらで稲作農家（民）と言われるのは、土地を持たない農業従事者も含まれているので、大体の場所で年二回（水さえあれば三回の所もある）稲の作付けをしますが、田植えの時期とその収穫時期がそのような「土地無し農民」にとって仕事のある重要な時期なのです。従って、その時期に稼いだお金で、辛抱強く仕事の無い期間を過ごせれば生き延びられると言われています（もちろん、その間に仕事があれば何でもします）。そこに何かの助けでヤギの一頭か、あるいは庭先で豚でも飼っていれば、それらが「生きた蓄え」として不意の急場を助けてくれるわけです。和美が受けたショックは、昨今の日本人が知らないだけで、発展途上国においてヤギがいかに「貴重な家畜」であるかという事実なのです。フィリピンではそれが当たり前のように見られるというわけなのです。

☆レシピエントからの電話

ある朝、私の携帯が鳴り、出るとレシピエントからで、「マム、ヤギが居なくなった！」という事でした。「ヤギ小屋の戸が開いていて、どうも盗られたか、逃げ出したらしい！」というのです。「そこら辺を捜してみたの？」という問いに答える前に電話は切れました。「まあ、よくある話ではあるわね！」などと話していると、間もなく「近所で見つかったから！」という電話がありホッと胸をなでおろしたことがあります。

また別のバランガイでは、「ヤギの親子が居なくなった！」という電話を受けて、半日後に「近所の誰かが連れて逃げていた」ということがわかり、無事に取り返してきたというような話もあります。ヤギを預けている農家の人たちからこのような話を度々聞くので、プロジェクトの対象ヤギ全てに「耳標」を付けることにしました。それでも盗まれた後に「耳標」をはずして売買されては、それも大して役立ちそうにもありません。しかし、それが誰かの目に触れることがあれば「ひょっとして役立つ時」があるかもしれないという、わずかな望みが込められているわけです。

この国においてヤギは重要な家畜・財産ですが、ＰＣＣの中でも「乳生産」という括りではヤギも飼育・研究の対象になっており、繁殖生理学の研究者の中にはヤギを専門にする人もいます。そういう人と話している時、自分の住んでいる所でヤギを飼っていて、ある日の夕刻「ほんの一瞬」目を離した隙に家の前の国道わきに繋牧していたヤギが見えなくなった、という話を聞いたことがあります。自動車の往来の激しい道路わきでは、たとえ自宅の庭や水田のあぜ道につないであった場合でも、わずかな隙に車で連れ去られることがあるようです。「自分の物は自分で守る」というのは大前提ですが、貧富の差が大きく世情の不安定なフィリピンでは、生きたヤギといえど、いつも気にしながら自分のテリトリーの中に置いて保護する必要があるようです。田舎に行くと「施錠のしていない家」もある日本人から見ると、何とも滑稽に思えるような「囲い」も、フィリピンでは普通です。たとえ「有刺鉄線一本でも」張り巡らせてあれば、それも「立派なテリトリーの表示」になるのです。

世界中の民族の中で「必ず家の周りに囲いをする」のはフィリピーノで、例えば広大なアメリカでの住宅街でも、フィリピーノだけは自宅の周りに「塀」を設けるようです。このことは「大袈裟に言えば」たとえ隣人でも「容易に信用できない・しない」というフィリピンの人たちの心の中に潜んでいる、えも言われぬ「寂しい思い・心情」なのかもしれません。

☆恐ろしい「ねたみ」の現実

レシピエントのA氏から新年早々、私の携帯電話に「ヤギが足を怪我したので、薬を取りに伺います」というメールがあり、しばらくしてモーターバイクに乗って我が家に来ました。「いろんなことが早々から起こるわね！」などと言いながら傷薬と包帯、それに抗生物質を用意しました。A氏は我がプロジェクトの協力者であるオカンポ博士からの依頼で最初に始めたレシピエントで、ＰＣＣの研究農場で働いています。だからそこでのヤギ担当者とも懇意であるため、ちょっとした処置や筋中・皮下の注射くらいは自分でできる人物なのです。その時は、処置がうまくいかず、結局は心配したオカンポ博士も診に行ってくれたようで、その診断は「骨折」だったようです。

A氏は家に来た時はそれほど詳しい話をしなかったのですが、どうやら夜半まで家族皆が出掛けていて、翌朝ヤギの不調に気がついたそうです。その時間に犬が大騒ぎしたのを、隣人は気付いていたという事でした。

怪我の状況はヤギ自身の「不注意」で起こるようなものではなく、おそらく人が棒か何かで強く殴った結果であるので、オカンポ博士からA氏に対し、農村ではよくある事で「これは妬みから来る人の仕業だから、今後も気をつけるように」と教えられたようです。A氏は今まで自宅近くでヤギを飼ったことがないので、そのようなことは納得出来なかったようですが、そう言われてみれば「誰がやったか想像できる」と、後に話してくれました。

その翌日、いつも一緒に巡回して処置などしてくれているデリゾ氏に、「A氏の飼っている雄ヤギの足の骨が折られたのよ！」と話したら「おー、そうですか」と言って納得し、そんな事は珍しくない！　という感じでした。ここでは皆知っていることで、「妬まれると面倒なのだ！」ということの恐ろしさを知らされた思いでした。

始める時から、A氏は実直で良い人だけど、見ていて「えこひいきにならないように！」と注意してはいたのですが、また新たな問題を生じた気がしたものです。私にも「どの人か想像がつくわ！」と思い出せるように、始める時から気になる人が居るグループではあったのです。こちらの計画で、A氏をグループリーダーに五人のメンバーで始めたのですが、最初に五頭のヤギを車から降ろした時、ある婦人が一番大きな個体を持ち帰ろうとしたのです。そこで私が「平等に、くじ引きしてからにしましょう」と提案したら、運悪く彼女に一番小さいのが当たり、「こんなの要らない」と言って帰ってしまった、という経緯があったのです。その後こちらでヤギの準備が出来ず、未だに数人のレシピエント予定者が待機している状況で、勿論のこと彼女のところにもヤギはまだ居ないのです。私が思うに「おそらく彼女だわ」という想像ができるのですが、今一つすっきりしない状況です。今後、全戸に行きわたると十四、五人のメンバーになるのですが、みんな同じような成績で進むと良いな！　と思っているところです。

聞いてはいましたが、改めてフィリピーノの「妬みのすごさ」を見てしまった気持ちです。

☆小屋があれば安心⁉

先の「足の骨を折られた！」という話の十日後、今度は「昨夜、生後七カ月の雄仔ヤギが小屋から消えた！」という電話が入ってきました。よく聞いてみると、身内では交配は出来ないのでプロジェクト内で交換しようとしていた同じ月齢の雄も一緒に居たのですが、親の雌ヤギでもなく「彼の仔ヤギ」が盗まれたのでした。そのレシピエントは、PCCのセキュリティガードで、その夜は八時から朝まで家に不在だったので、夜中のうちに盗まれたというわけなのです。その日は奥さんも実家に出掛けて留守であったそうで、犯人は「その家の住人が不在であること」を知っていた人物、ということになります。番犬が繋がれているし、おそらく大騒ぎしたと思われるのですが、そうでなければ「顔見知りかな？」と想像しました。施錠はしていなかったそうですが、ヤギ小屋から堂々と持って逃げたという事です。彼は悲しそうに「家内は泣き続けている」と話していたそうです。かつてインドネシアでこのようにして盗まれるのを見た事がありますが、「家屋の床下にヤギ小屋を作る」くらいでないと、防ぐのは難しそうな気もします。

先に触れた「ヤギ盗難事件」は、日中で放牧中のヤギが思ったよりも遠くまで出掛けてしまい、その上ご主人の足が少し不自由であることを知っての犯行だと予測しましたが、今回は夜中とはいえ真正面からの窃盗でした。このプロジェクトを始めて四年が過ぎましたが、ここに来て新たな難しい問題にぶつかることになって、今更という感じでフィリピーノとの付き合い方を考えねば、という思いです。

☆いかにして「飼うということ」を教えるか？

国内、特に田舎を車で移動すると、どこでも見られる風景の中に、そこかしこの収穫後の水田や荒地に繋がれている「白い牛」をよく見かけます。勿論、水田地帯だと黒いあるいは茶褐色の水牛もたくさん見かけますが、その白い牛がフィリピンで多く飼育されている「ブラーマンタイプ在来牛」です。年中暑い国ですから、昼夜問わず野外に繋がれていても特に問題はないのかもしれません。時には盗まれるということもあるかもしれませんが、ヤギの場合ほど簡単ではなかろうと思われます。

その繋がれている牛たちを注意してよく見ると、あまり「肉がついている・太っている」というふうに見える個体は多くありません。この国では商業的に飼育されている牧場以外の場所で「牛を飼う」というのは、とりあえず収穫後の水田かそこらの草地・空き地に繋いでおく（繋牧）ことだと思われているようなのです。あるところで、マンゴーの木の下で飼われていた水牛を見て驚きましたが、ここでいう繋牧は、年中屋外に置かれることなのだろうと思われます。日本の学生たちに、この風景の話をした時、ここの牛たちは「栄養生理的に考えて、太ることは難しいのではないかと思う」と教えたように思います。その理由を考えてみるということは、一日あたりで考えても、体の熱収支は恐らくプラスマイナスゼロに近いのではないか？に「エネルギー代謝試験」をしたわけではありませんが、年中そのような状況でいるということは、と思えるからなのです。すなわち、一日中草を食べたとして、日中のエネルギー損失は少ないとしても、夜間は体温以下の外気中ではかなりの熱損失があるのは必至です。収穫後の水田などでは十分な採食も出来ず、多くの場合摂取量に対して消耗量が大きくなるであろう、と思われます。この国の動物栄養学者たちは、「動物を飼う」ということを動物生産に関わっている人たちに「きちっと教えていない」のではないか？という思いでいつも彼らを見ています。「ヤギプロジェクト」にも同じ事が言えるわけで、ヤギは一日中繋いでそこらに放牧しておけば、「お金を生んでくれる動物だ」くらいの認識ではないかと思えるのです。特に雨季の頃は大事なことですが、「草を刈って与えるのですよ！」と言って「鎌」をこちらで買って貸与していますが、それを実行している飼い主はほとんど居ないのです。

その昔、友人であるＵＰＬＢの名誉教授で栄養学者のロブレス博士（Dr. Robles）と水牛飼育農家に「柔らかい生草だけの給与」では「乾物摂取量」が不足しがちだが、そのことをフィリピーノに理解させる為には、「隣に自分も並んで牛舎を作り、実際に見せながら教えるようにしないと無理だろう」と話したことがありますが、正にその通りかもしれません。研究で証明したデータも「現場で理解してもらう」ことは非常に難しい、ということなのであろうと思います。

ヤギプロジェクトの場合でも、実際に「カットアンドキャリー法」も手をとって教えないと「ヤギを飼う」ということを理解してもらえそうになさそうだと四苦八苦しているのが現状です。

☆時には、「自分の物と人の物」の区別がつかないことも！

ヤギプロジェクトがどんな所に役立っているのか？　ということについて触れましたが、彼らの財布が「異常」に忙しいというところから、時には混乱も起こります。

私たちは、このプロジェクトを足場にせめて二、三頭の雌ヤギを所有して、「ライブストック」としての価値を実感してほしいと思っています。しかし、六カ月経った雌ヤギを戻した後、「これでこの親ヤギはあなたのものですよ！」と独立出来たことを知らせると、早い時はその場であったり、次の日であったりするのですが、「何々で金が要るから、今すぐこのヤギを売りたい」と言ってくることがあります。

「これを売ったら、ストックではなくなるよ！」と言っても「どうしても今、お金が要る」という話なのです。「せめて二頭になるまで我慢が出来ないのか？」という気持ちを伝えても、なかなか彼らにはわかってもらえません。こちらとしてはプロジェクトを少しでも長く続けたいから、「わかった、それでは買ってあげるから、今までどおりに飼い続けて下さい」と言って、新たに始めたことにする「再出発」の場合もあります。それを一、二回と繰り返してくると、彼らの頭の中では整理ができないらしく、我々のヤギと自分のヤギの区別がつかなくなり、ある日訪ねてみると、「あのヤギは先日売ったよ」などという話を聞くことになります。「あれは私たちのヤギで、貴方が子どもの学校の費用が要るからというので、半年前に買ってあげたでしょう？」と言って確認しても、しばらく説明しないと納得してもらえない時もあります。物忘れの激しい人には、その時にサインした「領収書」を見せて納得させるというような状況です。全て自分中心で、自分に都合の悪い事はすぐに忘れるような、うまく出来た人種のようにも思える時があります。

ある時、しばらくぶりで訪ねたレシピエントの小屋に雌ヤギ一頭しか居ないので、「ほかの雄一頭と雌一頭は何処に？」と尋ねると「雄一頭は先日の台風の時にマンゴーの木が倒れて小屋がつぶれて死んだ」という返事で、「もう一頭の妊娠していた雌は？」と聞くと、どこかに売ったような反応でした。彼は現地語（タガログ語）しかわからないので、技術者のデリゾ氏に確かめてもらうと、「四〇〇〇ペソで売った」ということでした。私が「あれは貴方のものではないのよ！」と言っても本人は何やらわからない様子でした。一方、勉はフィリピーノとの長年の付き合いで、どうも「彼の目が泳いでいる」のが感じられ、「ははあ、さては売ったな！」と思っていたそうです。私が半年前の状況を説明して、デリゾ氏に通訳してもらって「ようやく納得した」という状況でした。

勉にしてみれば、「売りたいけどどうしたらよいか？」などと聞いてくる人よりは、自分で相手を見つけて「正当な値段で」売ったわけだから、しっかりしていて結構だよ！という思いだったようです。しかし、十分に気を付けておかないと「自分の物も他人のヤギも一緒になる人たちだな！」ということを改めて知らされた思いでした。

その事を隣のジュビーに話したら、「そんな事をＯＫしたら、次も同じようにするだけよ！」と言って、「フィリピーノはそういう人種だからね！」と付け加えて教えてくれました。だからと言って、「支援もプレゼント」も、手にしたら同じだと思っているフィリピーノに「その区別を教えるのは、まことに難しいよ！」というのが私たちの反応なのです。

☆キリギリス番外編

先にも書いた「ヤギが盗まれる」という「コソ泥の話」を便りに書いたところ、大手製薬会社に勤めていて、しばらくドイツで暮らした経験のある卒業生のK氏から、「泥棒はドイツでも！」という返事が届きました。フィリピンでの話とは少し違いますが、一つの話として紹介してみましょう。

世界的に見ても、日本の道徳観や、規律が特異的なのかもしれません。例えば東日本大震災の際、配給の食料を整列して受け取るニュースを見たドイツ人は、「あり得ない」と唸っていました。基本的には欧米も奪い合いの文化だと思います。

ドイツ歌曲には、「♪大きくなったら、隣村の牛を十頭くらい盗める立派な男になりなさい」といった歌詞の子守唄があって、唖然としました。

以下はドイツで見聞きした泥棒の数々。

その1

深夜、ガス欠のため、車を路肩に停めて予備タンクを持ってガソリンスタンドへ歩きだす人を目撃しました。三十分くらいして、その人はタンクを重そうに持って車に向かっていましたが、もはやその車にはタイヤがついていませんでした。

その2

運送会社の制服で、近所に挨拶してから、家具を丸ごと詰め込んで行ってしまいました。その後、自宅に戻った住人は、がらんどうになった自宅に呆然と立ち尽くした、とのことです。

その3

高級なワインのブドウが採れる畑に、今年は見慣れない大勢が収穫に来ました。本格的な収穫風景に、近隣の農家さんは今年は外部に収穫を委託したものと思っていました。農場主が農場に戻ったときの状況は、その2と同様。その年の年代物は幻のワインとなってしまったそうです。

悔しさが、少しでも笑いになれば幸いです。

日本国内では、ジュースやタバコの自動販売機が、店の前だけでなく道端に設置してありますが、欧米諸国ではこれらの販売機は、店舗の中やホテルのロビーでしか見ることはありません。日本の状況を見て諸外国の連中が驚くという話は聞きますが、ここでフィリピーノの話として言いたいのは、欧米での大掛かりな「窃盗・強盗」のような話ではなく、「隣のものをくすねる！」という、ちょっとした出来心のような「さもしい気持ち！」の話なのです。

先にも書いた「パパイヤの話」のように、「言えばあげるのに！」というような「ごく些細な話」なのです。

☆「稀代の怠け者！」に出会う

住み始めてしばらくした頃、掃除をしたり物を運んだりする「ジェネラルサービス部門（GSU）」に所属するM氏が僕のオフィスに入ってきました。顔はなんとなく見覚えがあるな、と思っていると、「先生、グッドアフタヌーン」と机の前にきて、いきなり「お金を貸してくれ」というのでした。夏休み前で、「ボーナスを貰ったら返すから」ということで、「いくら必要なの？」と聞くと「三〇〇〇ペソ」と言うのです。「よし、わかった！　ところで君は何処に住んでいる？　ヤギが飼えるか？」と聞くと、ＰＣＣからは少し離れているが、「ヤギ小屋もある」という返事でした。そのうちヤギプロジェクトのレシピエントとして「ヤギを貸し出すから、飼ってみないか？」とさらに聞くと、「高校に通う娘も手伝うだろうから飼える」という返事でした。

それからしばらくして、彼が再度オフィスに来て、よくあるパターンですが、今度は「母親の薬代が要る」ということで、また三〇〇〇ペソ必要だと言って借りていきました。ＰＣＣのスタッフでＧＳＵの中では珍しく英語もわかるし、十分に「人並み以上」であることが想像できる人物です。後に同室のアキノ博士との会話で、「彼はスマートやクレバーではないが、馬鹿ではないから、ズル賢い奴と言うのが良いかな！」などと話したことがありますが、ある面で「面白い人物」だとは思っていました。その半年後くらいに、「ヤギを飼えるから、一頭貸して欲しい」と直接申し込んできました。その頃には僕から彼への借金は八〇〇〇ペソ強になっていました。隣のジュビーの目を盗んで（見つかると「自分で集めろ！」と叱られるので）、僕たちがレシピエントに教えるために集めている干草（場内の美化のためにサービス係が刈り払っている草を干したもの）を持ち帰ったりしながらも、真剣に飼った結果二カ月くらい後に予定通り、雄ではありましたが、無事出産し元気に育てていました。しかし雨季に入って運悪く、その仔ヤギの下痢が止まらず、デリゾ氏も何度か看てくれたのですが、治療の甲斐なく死亡しました。それが少々ショックだったようで娘の意欲も削いでしまい「しばらく止めたい」ということでヤギ飼いは一時中断しました。ヤギプロジェクトのレシピエントとしては、決して不真面目なところは見えなかったので、「生まれた仔ヤギが雌で、続けていればな！」と今でも残念に思うことがあります。

そうこうしている間に、実は彼はPCCの中では「札付きの怠け者」だったようで、あちこち借金しまくりで同僚からの信用もなく、いつの間にか「クビ」になっていました。その後しばらくして、同じ市内に住んでいることがわかり、PCCのオカンポ博士が住家も貸与して援助してくれているということがわかりました。更にM氏は「したたか者」で、我が家では毎週飲料水を届ける際に和美からもお金を無心していたらしく、ある日彼女が心配して、その居所を訪ねたことがありました。「PCCの人で貴女だけが訪ねてきてくれた！」とたいそう喜んだそうですが、ジュビーに言わせると「皆からお金を借りて、一銭も返さないで辞めたような奴に誰が会いに来るものか？」という状況のようでした。これを機にしばらくして彼が家を訪ねてきたので久しぶりに彼の流暢な「戯言」を聞いていましたが、その中で彼が「コーロンコーロン」があれば商売ができるのだが、という話をしたのです。モーターバイクにつけるサイドカーでトライシクルの「荷物を積むタイプ」ですので、魚などの食料品を田舎に運んで「行商ができる」というわけなのです。

定職も持たず、最低賃金で日雇いとして働いている彼に「早く借金を返せ！」と言っても、しょせんは無理な話ですから、「よしわかった、そのサイドカーを貸してやるから、働いて借金を返せるか？」と話したら、大いに喜んで働く「意欲」を見せたのです。彼にお金を渡すと使ってしまうので、トライシクルメーカーを友人に持つ長い付き合いのあるB氏にその件を依頼しました。しばらくして出来上がってきたので、証人としてオカンポ博士を呼んで、家で契約を交わしました。M氏の入っている借家はオカンポ博士のご母堂様の所有であることから、彼に証人になってもらったのです。しかし、ここでもM氏のいい加減さはたいしたもので、手持ちのモーターバイクの税金は数年分滞納しており、それを払わないとトライシクル営業用の届けができないということでした。その税金分や営業届けの手数料など開業に必要な経費を計算して彼に手渡して、一応の契約は終わりました。

さて、話が終わり、「先生、どのようにしてこの金を返済したらよかろうか！」とM氏が言うので、「君に任せるから自分で決めてくれ」と言うと、「では来週から、二週おきに日曜の午後『五〇〇ペソ』持って来るがそれで良いか？」と言ったので、それを了承しました。その後三カ月は時に返還金は五〇〇ペソに足りず、三〇〇ペソの時もありましたが、彼が決めた通り順調に返済のため我が家を訪れていました。その後連絡もなく二カ月が過ぎたので、こちらから連絡をしましたが、ここでは普通に「お金がない」の一言で片付く「携帯電話の不通」のため、改めてこちらから出向いて話をしました。彼がどのように思っていたかはわかりませんが、娘と一緒に我が家に来たところで、返済すべき借金の明細を示して、「とりあえず一〇〇ペソでも五〇ペソでも良いから、それを持って家に来なければだめだよ！」という話をして、その日は帰りました。友人のB氏（M氏の教会仲間）に聞くと、同じ教会で毎週日曜日には出会っているらしく、「一緒に行事などにも参加するが、やはり誰彼かまわず手当たりしだいに借金しておきながら返さないから、皆からまったく信用されていない」という話でした。それでも時に家には来て「昼飯を食べていく」から、「冗談にしても、お宅の親戚？」等と言われています。誰に聞いても「稀に見る怠け者」で、どうして僕たちに相手にされているのか理解出来ないようなのです。

自分が想像するに、あちこちで手当たり次第に三〇ペソ、五〇ペソと借金をして、催促しても返してくれなければ、フィリピーノ同士だと「何度催促しても駄目だと」そのうち「諦める」のだと思われます。しかし、日本人の場合は「そう簡単にはいかない」ということを思い直したのでしょうが、その時も来週から「毎週日曜日に家に来る」と自分で提案して帰って行きました。

さて、そうして一〜二カ月が過ぎ、今度は毎回「三〇〇ペソ」を返すと決めたようですが、時には「来る途中でガソリンを入れたから二五〇ペソになった」という日もありました。しかし、時には到着するなり「マム、昼食を食べてないの」と聞きもしないのに言うし、高校を卒業した娘も一緒に来るから、二人分の食事を家で提供することもあります。ある時「娘さんも少しは働いたら？」と聞くと、「競争が激しく、特に高卒だとなかなか働く場所も少ない」という反応でした。それでも僕たちが真剣であることがわかったのか、しばらくして娘も週三回のお手伝いさんの仕事を見つけたようです。ちょうどその頃、別れて（フィリピンでは正式な離婚はできませんが）アメリカにいるという娘の母親からまとまったお金が届いたらしく、「ニッパハウス」*を彼女（母親）の姉妹たちが住んでいるムニョス市内に作るからという話をしたことがありました。彼のことだから、奥さんの親兄弟の住む所にも十分過ぎるほどの迷惑をかけていたのでしょう、結局必要な土地を使わせてもらえなかったようで、その話は無くなりました。おそらく「そのお金のある間」は働かなかったのでしょうが、それにしてもこれだけ世間を狭めていって、「最後はどうするのかな？」と他人事ながら僕たちまでもが不安になる時もあります。

＊竹で編んだ壁と屋根はニッパ椰子の葉で葺いたフィリピン独特の「掘っ立て小屋」住居。

僕たちがここに住み始めた頃、クルス博士の奥さんが、ＰＣＣの食堂でＭ氏と話していた和美を見たその直後に、「彼にお金を貸したら駄目よ！」と言ったのだそうですが、その時すでにいくらかを「貸した」後だったのです。それでは何故、僕がよく知らない彼が部屋に入ってきて「お金を貸してくれ」と言った時に「簡単に貸したのか？」というと、ヤギを一、二年飼ったら一万ペソ程度はすぐに返せるだろう、ということが頭にあったからなのです。先に書いた「カボチャ」に騙された話とは違い、どの手で「貧乏人を助ける」のも同じかな、と思ったまでの話なのですが、相手が「稀に見る怠け者」であったのが誤算だったというわけです。

同じ「怠け者」でも日本人の場合と違うところは、彼らは毎日曜日必ず教会に出掛け、そこでの奉仕作業などに参加してその信者としてのお勤めを果たしていることなのです。M氏の場合も彼はモルモン教信徒ですが、同じ信徒でPCCに勤めている人の話では彼もほとんど欠かさず毎日曜日教会には出掛けているようで、「その時だけは至極、善人だよ！」という話になっているのです。僕たちが彼を知って五年強経ちましたが、勤めてきた全ての職場で嫌われ、あるいは「手癖の悪さ」によって解雇され、家賃を払わず追い出され、奥さんまで愛想尽かして出て行ったというような、「稀に見る怠け者のフィリピーノ」と知り合ったというのも何かの因縁かもしれません。「日本人にお金を借りたら、返さないと逃げられないよ！」ということをわからせて、「おい、あのM氏は改心したよ！」とかつての同僚諸氏に「宣言」できるようにしたいと懸命に策を練っているところです。

☆ヤギプロジェクト　やってみて良かった

ヤギプロジェクトを始めて四年半。

一〇〇軒の支援には大きなお金がいるだろうけど、目標達成はそう遠くないと考えています。八〇軒の方々と出会ってきましたが、現在まで継続しているのはわずか半分の四〇軒ほどです。

「私の考えは甘かった」と思います。予定通りに目標達成できない一番の原因は、私自身が国民的気質を理解しておらず、日本人と同じ感覚で考えていたことにあると思います。

ある小学生のお話

ある村で定期巡回している時、小学二年生のE君がやってきて、「おばちゃん、僕のヤギを買って！」と言うのです。ヤギを見ると生後二カ月の雄なので、「あまり買いたくないな……」と思っていると、通訳さんが「学校に行きたいから、一〇〇〇ペソで買ってほしいと言っている」と言いました。学校に行くためのお金なら、買うしかありません。E君には、「半年後に引き取りに来るからね」と言って、希望の倍の値段で買い取りました。彼はピョンピョン飛び跳ねてお家に帰っていきました。とても賢そうな子でした。ヤギを可愛がって育て、自分で交渉してお金を手にしていった姿を見送り、私もとても幸せな気分になりました。先日、E君を訪問すると、彼のヤギは大きなお腹をしていて、「次は雌が生まれるといいね」と話して、その場を後にしました。「彼のように気概のあるレシピエントこそ支援しなくては！」と感じました。

ミルカクレムのマネージャー：日系三世のエリカさん

エリカさんは私が日本語を教えている生徒の一人で、仕事をしながらヤギの飼育も行っているレシピエントの一人です。彼女は在来種（やや小型だが病気に強く育てやすい）を上手に飼っています。彼女は「青年の船」という事業で日本に行きたいと準備をしていましたが、給料では賄えないほどの大金が要るので、友達には諦めるべきだと言われたそうです。私は夢に向かう彼女の力になりたかったので、これから生まれる予定のヤギを担保にお金を出しました。日本に行くことができて、とても良い経験になったと思います。家でフィリピーノの大学生にお好み焼きや、すき焼きを教えた時には、日本での経験を彼らに話してくれました。ところが、お父さんの転職先が通勤不可能なほど遠く、ヤギを手放さなくてはならない状況となってしまいました。ヤギは毛並みが良く、きちんと世話をしていたことがわかります。次に買ってくれる人も見つかり、父親にはヤギの代金を支払いました。真面目に世話した人が大きなお金を手にしてくれてよかったと思います。現在はエリカさんの兄弟が大学で勉強中なので、再度機会があれば支援したいと思います。

本当にささやかな喜びを心に残して、時折思い出しては前に進んでいます。

フィリピーノがこんなに飽きっぽい人達だとは、全く知りませんでした。毎月、ヤギの健康チェックの定期巡回をしても、ヤギの姿が見えず、理由を聞くと「死んだ！」「売った！」と言われます。「私のものだけど、どうして勝手に売るの？」と反論してみたところで、何の役にも立ちません。特に大型台風の後は、合計十二頭ものヤギが盗られたり、死んだりしました。死んでしまったのは仕方がないですが、一人また一人と「盗られた」というメールを受け取るたびに暗澹たる思いになりました。台風の後でみな食べるものがなく、盗って売るしかなかったのだと思うと、ただ笑うしかありませんでした。

☆やっとわかった「偉大な」事実

「ヤギプロジェクト」を通して「貧困」と一口に言ってもその中身は実に複雑で、その範疇に属する「人」の中身については一見して判断できるものではないことがわかってきました。フィリピンでは、全人口の七〇％強が貧困にあえいでいるということをよく耳にしてきました。簡単に言えば「富が均等でなく偏っている事」を示しており、多くの発展途上国における「政治の大命題」にもなっていて、国の将来を語る時「貧困からの脱出」がいつも最初にあげられているのです。

ここで述べようとする「偉大な事実」というのは、貧困にあえいでいると位置付けられている「全人口の七〇%強に相当する人たち」の内訳の話です。その七〇%強の人たちをひとくくりに「貧困層」と言うけれども、その中身は微妙ないくつかの層に分かれているから、その中身を理解することがいかに重要であるか？　という話なのです。

他人から見たらある種の思い上がりに見えるかもしれませんが、自分では「少しでもこの国の貧困を和らげることに貢献出来れば」と思ってこちらに住み着いて「ヤギプロジェクト」を始めたのです。そこでの予想外の紆余曲折は「その中身を十分理解していなかった」ことによるものであることが、住み始めて五年強経って、ようやくわかってきたのです。

隣のＣＬＳＵで教授をしている教え子のエドガー君と話すと、いつも「先生、僕が前から言っているように、彼らはそこから抜け出せないのですよ！」と言うのですが、それがやっとわかったということです。そして二人で出した「結論」とは、簡単に言うと「ボトムを相手にするのは止めよう！」ということなのです。それは七〇%強の人たちの内で「一番底辺に位置づけられる者」で、言い換えれば「最下層」にあると思える貧困層の人たちなのです。すなわち、この人たちは「ヘルプ」が理解できないと思われ、「ヤギプロジェクトの意味」が理解できないということが「わかった」のです。全て自分の手にしたものは「貰ったもの」としか思えないわけで、それ（手にしたもの）を相手（対象）にして自分で何かを得るということなどは、考えられない（どうしたら良いかわからない）のです。それは何回教えてもわからず、いわゆる頭の良し悪しとは無関係で、自分の生活に対して「夢も希望も持てない‥生活が向上する事など想像もできない人たち」なのです。「差し出した手の中に入ったものが全て」であるわけで、その日々の繰り返しが一年・一生になるわけでしょう！

実に微妙な話なのですが、「ボトム」の上に位置している、気長に付き合えば「ヘルプ」が理解できる層があり、この層が一番厚いように思われます。すなわち、「ヘルプ」と「プレゼント」の違いも時間をかけて説明すると「おぼろげながら、でも理解できる人たち」です。そしてその上に「ごくわずか」ですが、自力で貧困から抜け出そうと「もがいている真面目な人たち」が居るのがわかりました。しかし厄介なのは、初対面で「ヤギを飼いたい」と言ってきた時に、その人物がそれらの「どの層に属するか」を即座に見分けることができないということです。それが判断できるのはレシピエントとなってしばらくして（数カ月過ぎて）、飼っているヤギの状態の善し悪し（餌の量や仔ヤギの成長等）や、例えば飼っていた個体の死亡した時の「惜しい」と思う気持ちの表現の強弱等によるわけです。居なくなったら次がすぐに手に入る（貰える？）という感じで簡単に「死んだ！」と連絡してくるし、その次は「もう止めたい」と言ってくる人たちもいます。そのような人たちには、そのヤギが「預かり物・他人の物」という認識が全く無く、死んだら次が貰えると安易に解釈し、自分の「責任」など想像も出来ないわけなのです。

ここで言う「ボトム」とその上に位置すると思われる層の人たちは、はっきりと区別があるわけではありませんから、その見極めはかなり難しいのです。しかし、「自ら貧困から抜け出したい」と日々を格闘しながら生活している人たちは、プロジェクトに誘うとその日から成果が見えると思えるほど、はっきりわかります。特に定職についていない場合には、ヤギの世話に専念できるから、日々の観察も十分で特別の事故でもない限り、ヤギ飼養の効果が生活の中に目に見えて反映されてきます。

このようにいろいろと様子がわかってきて、なお頭の中では区別できても実際の場面で失敗を防ぐための妙案があるわけではないのが実情です。従って、実際には正に「試行錯誤」の連続であって、ヤギ一、二頭を失ってみてわかれば「上等」というのが現状なのです。考えてみると、ここでわかったことには実に五年弱という期間が必要であったわけで、人の「見分け方」とその「付き合い方の区別」はつくづく「大変だということがわかった」ところです。

あとがき

　この国に移住して約五年が過ぎ、日常の中でいろいろな事に出くわしても、特に「カリカリする」こともなくなったような気がします。二人でよく話すのですが、「なんだかよくわからない所はあるが、あまり気にならなくなったね！」というのが昨今の「日常の感覚」です。フィリピーノの感覚に近づいたのか？　というと何もそうではないような気がしますが！「慣れてきた」ということなのでしょうが、「ここはフィリピンだ！」ということを気持ち・体が覚えたのでしょう。

　ここに書かれていることは、報道記事などとは違い、いちいち「裏が取ってある」などというようなものではありません。自分たちが生活する中で、見たり聞いたりした事と、それについてその時の「自分の気持ち・感想」が述べてあります。従って、「本当にそんな事があるの？」といってそれを質されても、僕たちが「聞いた時の話」ですから、それ以上のことはわかりません。ですから、ここで生活してきた五年の「感想文みたいなもの」とでもいうのが当たっているでしょう。

　今思い出すと、住み始めた頃に怒ったり、イライラしたりしたのは全て「日本人の感覚で判断し、処理しようとした」からで、「馬鹿にしたような気持ちではなくて、ここはフィリピンだ！」と思えば、全ての事が流していける日常になったということなのです。従って、ここらで一応の区切りとして、終わることにします。

楽しく読んで頂けたら幸いです。

追記

本文は主として僕、勉が書いた文面になっている感がありますが、その中身は妻・和美と夫婦で共有してきたものである事を改めて記しておきたいと思います。

謝辞

本書はフィリピン、ルソン島の中央にあるフィリピン農務省管轄下「フィリピン水牛センター（ＰＣＣ）」に所属し、そこで生活した数年間に体験したこと等をまとめたものです。このような機会を与えてもらったことに対し、クルス博士をはじめ、全てのスタッフ及びその家族の皆さんにお礼を申し上げます。

本書の出版に際し、東京図書出版の皆様には原稿チェックから発刊に至るまでの間、著者らの我儘に辛抱強く付き合って頂き、ご指導いただきました事に対し心から感謝申し上げます。

更に、編集および校正の作業において「読者の目」で内容充実のために、多くの時間をかけ精力的に協力してくれた家族にも心から感謝しています。

最後に「ある夫婦の書いたフィリピン生活の感想文」を最後まで読んでくれた「貴方」にも「ありがとう」を言いたいと思います。

フィリピン　ルソン島にて

二〇一七年一月末日

藤原　勉・和美

藤原　勉（ふじはら　つとむ）

1943（昭和18）年島根県に生まれる。名古屋大学大学院修了後、国立大学に奉職し、名古屋、香川、島根および三重大学（特任）において40年間教育・研究活動に従事した。その間、一貫して反芻動物の飼養・栄養に関する研究を行い、特に後半二十数年間は、発展途上国における動物生産の向上に貢献すべく、主としてヤギの無機物栄養の改善と新飼料資源の開発に関する研究を行った。2011（平成23）年８月よりフィリピンに移住し、フィリピン農務省管轄下の、フィリピン水牛センター（Philippine Carabao Center）にコンサルタント（Volunteer）として在籍、現在に至る。一方、長年この国での研究追行に協力してもらったフィリピン農民への支援活動の一環として個人的な基金「Fuji Fund」を立ち上げ、「ヤギプロジェクト」を進めている。現在、島根大学名誉教授、農学博士、日本畜産学会功労会員、フィリピン畜産学会終身会員。

藤原　和美（ふじはら　かずみ）

1949（昭和24）年島根県に生まれる。高校卒業後、地方公務員として働きながら、通信教育により小学校教員の資格を取得し、1972年４月より愛知県（設楽郡）に奉職した。同年結婚したが、配偶者（勉）の転任により２年後香川県に転任した。1975年に島根県松江市に移住した後は、若干のアルバイト等をしながら子育てに専念した。その後、1983年より市内に新設された「社会福祉法人特別養護老人ホーム長命園」に採用され、2009年の定年まで介護の仕事に従事した。2011（平成23）年８月にフィリピンに同伴移住し、フィリピン水牛センター構内に住み、専らボランティア活動を日常とし、留学希望者への日本語の教育と夫婦で始めた農民支援事業の「ヤギプロジェクト」を中心的に進めている。現在、フィリピン畜産学会会員。

楽しい「フィリピーノ」
死ねないキリギリス達

2017年3月27日　初版発行

著　者　藤原　勉
　　　　藤原和美
発行者　中田典昭
発行所　東京図書出版
発売元　株式会社 リフレ出版
〒113-0021　東京都文京区本駒込 3-10-4
電話 (03)3823-9171　FAX 0120-41-8080
印　刷　株式会社 ブレイン

ISBN978-4-86641-056-2 C0095
Printed in Japan 2017
落丁・乱丁はお取替えいたします。

ご意見、ご感想をお寄せ下さい。

［宛先］〒113-0021　東京都文京区本駒込 3-10-4
東京図書出版